I0884622

LA NAINE ET LE BOUQUETIN

ou L'ÉNIGME DE LA BARQUE EN ALBÂTRE DE TOUTANKHAMON

Tête de bouquetin à la poupe de la barque de Toutankhamon, Caire JE 62120.

JAN QUAEGEBEUR

LA NAINE ET LE BOUQUETIN

ou L'ÉNIGME DE LA BARQUE EN ALBÂTRE DE TOUTANKHAMON

Complété et publié, avec une postface,
par Nadine CHERPION

Traductions de Filip Coppens, Peter Dils et Manu Tassier

PEETERS
1999

© 1999, Uitgeverij Peeters, Bondgenotenlaan 153, B-3000 Leuven, Belgium

D. 1999/0602/5

ISBN 90-429-0716-9

Avant-propos

La dernière fois que j'ai vu Jan — c'était en mars 1995, c'est-à-dire quelques mois avant sa mort, à la soutenance de thèse de Claude Obsomer —, nous avons beaucoup parlé de la barque en albâtre de Toutankhamon. Ce n'était pas la première fois que nous en parlions; j'avais assisté à son premier exposé sur ce thème, le 13 décembre 1989 à l'Institut des Hautes Etudes à Bruxelles, et depuis ce jour, séduite par la richesse de son texte, j'avais souvent pressé Jan de publier celui-ci. Mais il voulait en faire «un joli livre» et comme cela prend du temps, il n'avait pas eu l'occasion de s'en occuper lorsque la maladie a foudroyé son extraordinaire dynamisme. C'est en hommage à ce collègue très cher et injustement disparu, et avec la permission de Lieve, son épouse, que je publie aujourd'hui les notes de cette conférence.

Jan avait repris sa «causerie»[1] plusieurs fois et dans différentes langues: après Bruxelles, il la fit notamment à Lyon[2], à Genève[3], à Dordrecht[4], à Leuven[5], à Leyde[6] et à Louvain-la-Neuve[7]. La dernière fois qu'il s'était proposé de la reprendre, c'était au Caire, à l'Institut Neerlandais d'Archéologie (le 15 décembre 1994), mais c'est à ce moment précis qu'il est tombé malade et Peter Dils a lu à sa place son exposé en anglais. Avec le temps, le texte de Jan ne m'en a paru que plus dense ce jour-là. J. Quaegebeur a laissé plusieurs versions de sa conférence, chacune comportant de

[1] C'est à peu près ainsi qu'il appelait ses conférences (littéralement «petites histoires», du néerlandais «verhaaltjes»).

[2] Au Cercle d'Egyptologie Victor Loret, le 20 avril 1989.

[3] A la Société d'Egyptologie, le 21 avril 1989.

[4] Le 3 avril 1990, à la Société «Ex Oriente Lux».

[5] Le 11 février 1992, pour les *Alumni Lovanienses*.

[6] Le 13 octobre 1992, au Rijksmuseum van Oudheden.

[7] Le 4 octobre 1993, dans le cadre d'un cycle de conférences organisé par Cl. Obsomer et moi-même. Je remercie sincèrement Lieve Quaegebeur de m'avoir aidée à reconstituer ce calendrier grâce à la lecture, pénible pour elle, de l'agenda de Jan.

légères variantes. J'ai cru bon de publier le texte correspondant au dernier état de sa pensée[8], et de donner de cette version-là des traductions (c'était son souhait de publier le texte dans trois langues au moins). Bien que le manuscrit soit inachevé, je n'ai pas voulu le retoucher; je l'ai simplement préparé pour la publication alors que l'exposé avait été conçu comme un exposé oral; j'ai donc revu certains passages, rédigé dans la mesure du possible les notes prévues par l'auteur, identifié les clichés retrouvés par Lieve et préparé l'illustration du volume. Enfin, je me suis permis d'ajouter une postface contenant quelques idées personnelles, dont j'avais précisément fait part à Jan lors de notre dernière rencontre; il les partageait volontiers. J'espère que la mise en forme du projet n'aurait pas déplu à son auteur.

Je remercie tous ceux qui m'ont permis de reconstituer l'iconographie souhaitée par J. Quaegebeur, et en particulier Alain Lecler et Jean-François Gout, photographes à l'Institut français d'archéologie orientale, qui ont réalisé, avec l'accord de Nicolas Grimal, Directeur de cette maison, les clichés du Musée du Caire; mais aussi tous les responsables de musées qui m'ont fourni, parfois à titre gracieux, les photographies recherchées ou l'autorisation de les reproduire. Merci en particulier au Dr Mohamed Saleh, Directeur du Musée égyptien du Caire, ainsi qu'à Leïla Menassa, dessinatrice à l'Ifao, qui, fidèle à son talent habituel, a largement contribué à la qualité de ce volume; à Filip Coppens, Peter Dils et Manu Tassier, trois «disciples» de Jan, qui ont assuré la traduction anglaise et néerlandaise du texte qui suit. Merci enfin à Messieurs Peeters, père et fils, pour avoir généreusement accepté, en souvenir de Jan Quaegebeur, de prendre à leurs frais la publication du manuscrit et qui en ont fait ce qu'il est. Sans la collaboration de tous, je ne serais pas arrivée au terme de cette entreprise.

N. Cherpion
mars 1998

[8] En tenant compte toutefois de certaines variantes qui apparaissent dans d'autres versions et qu'il me paraissait utile de retenir.

Avertissement au lecteur

Les **notes**, voulues et indiquées par l'auteur de façon très abrégée, ont été développées et complétées par l'éditeur. En outre, *entre crochets,* on trouvera de véritables additions dues à l'éditeur: en effet, à force de compulser la documentation réunie par J. Quaegebeur, j'ai découvert d'autres renseignements qui enrichissaient son texte et qu'il m'a paru utile de joindre au manuscrit.

Je suis responsable de toutes les légendes et des commentaires des **illustrations**. De temps en temps, il ne m'a pas été possible d'identifier la source de certaines images rassemblées par J. Quaegebeur; celles-ci portent simplement la mention «document J. Quaegebeur». Que le lecteur me pardonne de n'avoir pu faire mieux.

N. Cherpion, éditeur.

Table des matières

LA NAINE ET LE BOUQUETIN

A propos de l'énigmatique barque en albâtre découverte dans la tombe de Toutankhamon

Le titre de ma conférence, «La naine et le bouquetin», peut paraître surprenant. Je l'ai choisi afin d'évoquer l'énigme que pose la barque en albâtre découverte dans la tombe de Toutankhamon[1] (fig. 1-2): quel lien pourrait-il y avoir en effet entre la naine nue sur la barque, et les têtes de bouquetin à la proue et à la poupe du bateau? Personne, à ma connaissance, n'a donné une interprétation satisfaisante de ce magnifique ensemble. Si l'on veut essayer de répondre aux questions, de résoudre les problèmes, il faut mener une enquête systématique et partir des données connues: Toutankhamon et sa tombe.

Tout le monde connaît Toutankhamon, dont le masque d'or appartient au patrimoine universel de l'art. Vers 1335 avant Jésus-Christ, peu après la disparition du pharaon hérétique Akhénaton, Toutankhamon est monté — très jeune — sur le trône d'Egypte. Il meurt après un règne de dix ans à peine. Sa tombe fut retrouvée quasi intacte en 1922 et les trésors qui en sont sortis sont conservés, à peu d'exceptions près, au Musée du Caire. C'est le cas de la belle barque qui retiendra notre attention et à laquelle plusieurs égyptologues se sont intéressés.

La découverte des trésors de Toutankhamon a toujours fasciné les esprits. Dans la bande dessinée «Le mystère de la Grande Pyramide», d'un auteur belge bien connu, Edgar P. Jacobs, on retrouve un certain nombre d'objets du mobilier funéraire du jeune roi, parmi lesquels figure la barque en albâtre[2]. On remarquera que le dessinateur a omis les deux petits personnages à l'avant et à l'arrière de la barque (fig. 3).

Fig. 1. Barque d'albâtre de Toutankhamon, Caire JE 62120.

Fig. 2. Barque d'albâtre de Toutankhamon, Caire JE 62120.

L'impressionnante pièce montée que constituent la barque d'albâtre et son socle a une hauteur totale de 67,5 cm et elle est longue de 70 cm[3]. Sur le socle, du côté de la proue, on lit les noms de Toutankhamon et de son épouse Ankhesenamon.

Madame Desroches Noblecourt, dont le livre *Toutankhamon. Vie et mort d'un Pharaon* a connu un grand succès, range la barque parmi les objets exceptionnels de la tombe et la décrit ainsi: «Taillée dans de l'albâtre très fin et décorée de pâtes de couleurs et de feuilles d'or, elle formait une sorte de bassin rectangulaire, agrémenté de motifs floraux, aux noms de Toutankhamon et de sa femme Ankhesenamon. Au centre de ce bassin que l'on pouvait sans doute orner de fleurs, un petit socle supportait l'image d'une barque dont la proue et la poupe se terminaient en tête de bouquetin. Un dais central à quatre colonnes florales contenait un objet qui

Fig. 3. La barque de Toutankhamon d'après E.P. Jacobs, *Le mystère de la Grande Pyramide*. vol. 2, rééd. 1987, p. 42.

ressemblait à une cuve de sarcophage, ouverte et décorée de motifs végétaux. ... A l'avant, une charmante jeune fille nue accroupie pressait un lotus contre elle; à l'arrière, une naine tenait un long bâton grâce auquel elle pouvait diriger le bateau»[4]. Cette description n'est accompagnée d'aucune interprétation.

Jean Yoyotte, de son côté, écrit: «En lui-même, le bassin ornemental évoquant une promenade dans les marais, ..., est d'une telle singularité qu'en l'attente d'une étude technologique approfondie on en est réduit à se demander quel usage pouvait en être fait dans les appartements de Toutânkhamon». Et l'auteur de continuer: «Selon certains, des parfums auraient été versés dans la cavité de cette pièce montée afin qu'ils s'évaporent et embaument l'atmosphère. Selon une autre théorie, des fleurs naturelles ou artificielles étaient placées dans le coffre à la périphérie de la barque. Cette seconde interprétation que suggèrent les figurations dans les temples et dans les tombes de divers vases complexes apportés en tribut ou offerts à Hathor, est spécialement séduisante: entouré d'une double haie de floraisons et de feuillages, le bassin orné sur son pourtour de guirlandes incrustées de mandragores, de bleuets et de pétales de lotus bleus, donnait alors l'image saisissante d'une princesse et de sa naine en partie de campagne»[5].

Fig. 4. Jeune femme assise à la proue de la barque de Toutankhamon, Caire JE 62120.

Fig. 5. La naine à l'arrière de la barque de Toutankhamon, Caire JE 62120.

La jeune personne sur le devant du bateau (fig. 4) est, en effet, généralement considérée comme une princesse. Je n'essaierai pas de lui donner un nom[6]. La nudité de la jeune femme n'est peut-être qu'apparente[7]. Dans le cas de la naine (fig. 5), la nudité évidente me paraît embarrassante si l'on veut y reconnaître une servante, qualifiée d'ailleurs de «vieille» par certains auteurs[8]. L'idée qu'une servante chaperonnerait la jeune fille lors d'une promenade en bateau est sans doute inspirée par la présence, sur des reliefs amarniens, de servantes naines aux côtés des princesses[9].

Un dernier savant, spécialiste de Toutankhamon et ancien conservateur de la collection égyptienne du British Museum, I.E.S. Edwards, écrit de façon laconique dans son splendide livre «*Tutankhamun. His Tomb and its Treasures*» publié en 1977 par le Metropolitan Museum of Art: «This alabaster model still remains unexplained fifty years after its discovery»[10].

Dans le but de comprendre, d'interpréter cet objet extraordinaire, je propose de mener une double enquête, au départ des deux éléments les plus surprenants de la composition, la naine nue et le bouquetin.

Commençons par le bouquetin. D'après Christiane Desroches Noblecourt, la proue et la poupe de la barque sont à l'image d'un bouquetin syrien, aux cornes naturelles, empruntées à un jeune animal[11]. Dans une note récente publiée par D.J. Osborne dans le *Journal of Egyptian Archaeology*, l'identification de l'espèce est confirmée par les marques faciales de l'animal (frontispice), mais l'auteur fait remarquer en même temps que les cornes, dont l'une manque, ne sont pas naturelles, mais en bois[12]. Par ailleurs, le terme «ibex syrien» n'est pas celui qu'utilisent les zoologues: ils lui préfèrent le nom latin, *Capra aegagrus;* cette chèvre sauvage (ou égagre) ne se rencontre pas en Egypte, mais on y trouve dès la plus haute époque le bouquetin nubien ou *Capra ibex nubiana*[13]. On a déjà fait remarquer qu'il y avait dans la tombe de Toutankhamon d'autres objets que la barque d'albâtre qui traduisaient une influence syrienne.

La présence de bouquetins syriens dans la tombe de Toutankhamon rappelle une scène célèbre de la tombe de Khnoumhotep à Beni Hassan (XIIe dynastie, vers 1900 avant J.-C.), qui montre des bédouins asiatiques arrivant en Egypte et poussant devant eux une gazelle et un bouquetin: celui-ci semble bien présenter les marques faciales caractéristiques de l'espèce syrienne[14].

Dans la suite de cet exposé, je ne ferai plus de distinction entre *Capra aegagrus* (ibex syrien) et son pendant égyptien, *Capra ibex nubiana* (ibex nubien). J'emploierai le terme ibex ou bouquetin pour désigner aussi bien une espèce que l'autre, le terme servant d'ailleurs aussi à désigner le bouquetin des Alpes, qui appartient à la même famille, celle des caprinés[15].

Le bouquetin ou l'ibex est souvent représenté dans l'art égyptien. Dès l'époque prédynastique, il apparaît sur des vases nagadiens ou gerzéens[16]. Sur un document de 3000 avant notre ère environ, appelé la «Grande Palette aux animaux» et conservé à Oxford[17], un ibex, en bas au centre de la palette, est accompagné d'un oryx et d'une gazelle, attaquée par un lion (?); en-dessous, on aperçoit encore une antilope-bubale chassée par des chiens. L'ibex, l'oryx et la gazelle sont trois animaux du désert qui sont souvent associés dans l'art égyptien, comme nous le verrons encore dans la suite. Ils se distinguent entre eux par la forme des cornes. Les cornes de l'oryx, dont le nom savant est *oryx gazella dammah*[18], sont très longues et presque droites, d'où son nom d'antilope-sabre; les cornes de l'ibex sont très grandes et recourbées en arrière; quant à la gazelle (*gazella dorcas*), elle est reconnaissable à la double courbe (ou à la forme en S) de ses cornes, plus courtes que celles des deux autres espèces.

On retrouve souvent ces animaux dans des scènes de chasse et dans les défilés de bétail amené en offrande. Pareilles scènes d'offrandes sont présentes aussi bien dans les mastabas de l'Ancien Empire[19] (fig. 6) que dans les tombes et les temples funéraires du Moyen et du Nouvel Empire, et même plus tard, à la Basse Epoque[20] (fig. 7)[21]. Le thème de la chasse aux animaux du désert est également bien représenté sur des objets d'arts mineurs ou décoratifs[22]. La chasse aux bouquetins et aux antilopes était destinée en premier lieu à approvisionner la table des gens importants et à remplir les étables[23]. Il est difficile de dire à partir de quel moment on a attribué à ces scènes de chasse une signification religieuse, c'est-à-dire à quel moment on a fait de la chasse un élément du maintien de la Maat (de l'ordre) dans le milieu sauvage et chaotique du désert[24].

Fig. 6. Détail du mastaba de Sabou Ibebi, Caire CG 1419, VIe dynastie.
De gauche à droite: oryx, bouquetin et gazelle.

Fig. 7. Relief du pylône de Kom Ombo (paroi extérieure du môle est).
De gauche à droite: oryx, bouquetin et gazelle.

a

b

Fig. 8. Bouquetins de Nubie (*capra ibex nubiana*) photographiés au zoo de Giza dans les années '80.
Aujourd'hui, il n'existe plus un seul bouquetin au zoo du Caire.
a. Mâle adulte. – b. Mâle adulte et jeune mâle.

Fig. 9. Bouquetins de Nubie dans un jardin zoologique privé (Omar Oasis Café) sur l'autoroute d'Alexandrie.
Ce sont les derniers représentants de l'espèce en Egypte. a. Mâle adulte et femelle. – b. Jeune mâle.

Fig. 10. Bouquetins de Nubie sur un monument au nom d'Horemheb (fin de la XVIIIe dynastie).

Sur des photographies prises au zoo du Caire (fig. 8)[25], on peut apprécier la différence entre le bouquetin adulte et le même animal jeune: l'adulte a des cornes puissantes et extrêmement développées, qui forment une admirable courbe; l'animal jeune a des cornes droites dont seule l'extrémité est recourbée. Dans un cas comme dans l'autre cependant, la face antérieure des cornes est pourvue d'apophyses (excroissances) en forte saillie[26]. Sur un monument du roi Horemheb où sont figurés des bouquetins (fig. 10), les cornes des animaux sont plus courtes que dans la réalité. Notons encore que le bouquetin mâle a une barbiche, que n'a pas la femelle.

Après nous être familiarisés avec l'ibex, l'oryx et la gazelle, revenons à notre point de départ, la barque en albâtre de Toutankhamon. Cet objet d'art est-il unique et isolé ou existe-t-il des pièces comparables? En d'autres termes, y a-t-il d'autres barques décorées de têtes de bouquetin?

Fig. 11. Modèle de barque représentant le transport de la momie, Moyen Empire (?), Londres, Freud Museum Inv. LDFR 3852.

Une belle tête de bouquetin en bronze incrusté d'or, conservée à Berlin-est, ornait sans doute une barque faite de matériaux divers[27]. Mais cet objet, qui daterait de la Basse Epoque, ne nous apporte pas vraiment d'informations nouvelles. En dehors de cela, je n'ai trouvé que deux autres cas de bateaux présentant à la proue et à la poupe une tête de bouquetin, mais ces deux exemples sont particulièrement intéressants. Le premier est une barque funéraire qui a appartenu à la collection égyptienne de Sigmund Freud et est conservée aujourd'hui dans sa maison de Londres, transformée en musée[28] (fig. 11). Les animaux ont les cornes rabattues sur le crâne, probablement pour des raisons techniques[29]. Par comparaison avec les modèles de bateaux en bois du même genre, cet exemplaire date sans doute du Moyen Empire. Il se présente en quelque sorte comme le prototype de la barque en albâtre de Toutankhamon. Le second exemple vient de Deir el-Bahari: dans la

Fig. 12. Bateau orné d'une tête de bouquetin dans la chapelle d'Hathor à Deir el-Bahari (d'après E. Naville, *The Temple of Deir el Bahari*. IV, London, 1901, pl. LXXXVIII-LXXXIX).

chapelle d'Hathor du temple funéraire d'Hatchepsout (XVIIIe dynastie) est représenté un défilé de bateaux: plusieurs d'entre eux sont pourvus d'une tête de vache coiffée de la couronne hathorique, mais l'un des bateaux est orné de têtes de bouquetin (fig. 12).

Pourquoi ces têtes de bouquetin? A cause de la grande barque *Ouserhat* et d'autres barques divines portatives à Thèbes, décorées d'une tête d'animal — bélier ou faucon — on est tenté d'établir un rapport entre les têtes de bouquetin et une divinité. On peut se demander si le bouquetin ne serait pas lié à Hathor. Yoyotte a déjà fait référence, à propos de la barque d'albâtre, aux offrandes à Hathor. Quant aux bateaux d'Hatchepsout, il semble qu'il y ait un parallélisme entre les têtes de bouquetin sur

Fig. 13. Colonne du petit temple d'Hathor à Philae.

l'un d'entre eux et les têtes de la vache Hathor sur les autres. Enfin, pour la barque de la collection Freud transportant une momie vers la nécropole, on pourrait aussi envisager un lien avec Hathor, maîtresse de la nécropole.

Dans la mesure où bouquetin et gazelle sont interchangeables, le lien entre le bouquetin et la déesse Hathor semble corroboré par une inscription du petit temple

Fig. 14. Ostracon de Hay, sous Ramsès III, provient de Deir el-Medina, Caire JE 43660.

d'Hathor à Philae, dans laquelle Hathor est qualifiée de *tꜣ gḥs.t n ḏw.j* «gazelle de la montagne»[30]. Sur une colonne de ce temple, on voit en outre un personnage offrir des gazelles à la déesse (fig. 13). L'épithète «gazelle de la montagne» octroyée à Hathor peut être encore mise en rapport avec un passage du mythe de l'œil solaire, qui relate que la déesse se transforme à un moment donné en gazelle[31]. Enfin, la gazelle est consacrée dès le Nouvel Empire à Anoukis[32], dont les liens avec Hathor ne doivent pas être démontrés[33]. Un ostracon de Deir el-Médina montre d'ailleurs le scribe royal Hay adorant Anoukis qui sort de la montagne thébaine[34] sous la forme d'une gazelle, exactement comme la déesse Hathor, sous sa forme de vache, sort elle aussi de la montagne (fig. 14)[35].

En cherchant bien, on trouve encore d'autres documents concernant les gazelles. Une momie de gazelle contenue dans un cercueil en bois fut découverte dans la cachette royale, aménagée sous la XXIIe dynastie à Deir el-Bahari[36] (fig. 15), et une autre momie provient de la tombe de la dame Ankhshepenoupet, également à Deir el-Bahari[37]. On peut même se demander si le cercueil provenant de la

Fig. 15. Momie de gazelle ou de bouquetin trouvée dans la cachette royale de Deir el-Bahari, Caire JE 26227.

cachette royale ne représente pas un bouquetin plutôt qu'une gazelle. On possède aussi la mention d'une «tombe de gazelles» d'époque ptolémaïque dans la nécropole thébaine[38]. On a d'ailleurs découvert des nécropoles de gazelles à différents endroits, comme à Komir, lieu de culte d'Anoukis entre Edfou et Esna[39], et au Ouadi Digla, où, à l'époque prédynastique, on a enterré des gazelles à côté d'êtres humains[40]. Il semble que, dès cette haute époque, la gazelle ait eu une signification religieuse[41].

Pour ce qui est des barques, j'ai bien repéré quelques exemples de bateaux ornés de têtes de bouquetin, mais j'avoue n'avoir trouvé aucun bateau égyptien décoré d'une tête de gazelle. Quant aux barques à tête d'oryx, je préfère ne pas parler de la barque particulière de Sokaris, dieu des morts originaire de la région memphite, à la

Fig. 16. Barque sacrée de Bastet sur le canal *isherou* (fragment de paroi en calcaire provenant des fouilles d'Ahmed el-Sawi à Boubastis), Zagazig, Musée national de Sharqiyah.

Fig. 17. Barque de la déesse Nekhbet à Elkab (d'après A.H. Gardiner, *ZÄS* 48, 1911, p. 48).

fois pour ne pas compliquer les choses et parce que, dans ce cas, la tête de l'animal est toujours tournée vers l'intérieur de la barque. Il est plus intéressant de montrer qu'on retrouve la tête d'oryx sur des barques de déesses, par exemple le bateau sacré de Bastet, dame de Boubastis[42] (fig. 16) — que l'on peut considérer comme une forme d'Hathor —, et la barque de Nekhbet à Elkab[43] (fig. 17)[44]. La présence d'une tête d'animal à cornes à la proue de bateaux nous reporte en fait loin en arrière, car elle s'observe déjà sur des représentations du début de l'histoire égyptienne, notamment des dessins rupestres[45]. Sur le célèbre couteau de Gebel el-Arak, deux bateaux sont pourvus d'une tête d'ibex, mais le détail n'est pas facile à reconnaître sur les photos publiées[46].

En dépit des exemples cités ci-dessus, le lien entre les têtes de bouquetin ornant la proue et la poupe de la barque de Toutankhamon, et la déesse Hathor ou d'autres divinités, n'est ni tout à fait assuré ni évident. Peut-être faut-il chercher dans une autre direction.

Restons dans le domaine maritime. La poupe de la barque du dieu solaire Ré (par exemple sur le Livre des Morts de Neferrenpet à Bruxelles, fig. 18)[47] et de la barque du dieu lunaire Thot[48] se termine clairement par ce que les livres savants appellent un aplustre[49] affectant la forme d'une énorme corne de bouquetin. Quelle est la signification de la corne de bouquetin? Quand on consulte le dictionnaire de la langue égyptienne, on apprend que le terme *ʿb njꜣw* «corne de bouquetin» désigne «l'année» à l'époque grecque[50]. Ceci s'explique facilement: le signe de l'année *rnp.t* (Gardiner M 4), qui représenterait à l'origine une branche de palmier dépouillée de ses feuilles, a été compris ou réinterprété comme une corne de bouquetin pourvue de nœuds[51]. Cela se voit très clairement sur le petit naos doré de Toutankhamon où l'épouse du roi présente à son mari deux signes de l'année, auxquels sont attachés les symboles de vie, d'autorité, de jubilé et d'éternité (fig. 19)[52]. Les Egyptiens ont probablement reconnu, dans les excroissances des cornes, des anneaux de croissance indiquant l'âge de l'animal. La racine *rnp-* signifie «rajeunir, être jeune»; le sens étymologique de *rnp.t*, «année», est d'ailleurs «ce qui se renouvelle (périodiquement)»[53]. Le signe *ḥḥ*, que l'on voit au centre d'un pectoral de

Fig. 18. Barque du dieu solaire Ré sur le papyrus de Neferrenpet, Bruxelles E 5043, XIXe dynastie.

Sésostris II (fig. 20) et qui est constitué d'un personnage tenant en mains deux signes *rnp*, signifie «l'éternité». Lorsque la poupe de la barque solaire ou lunaire prend la forme d'une corne d'ibex, c'est donc vraisemblablement une référence à l'éternel retour du soleil (qui se renouvelle tous les jours) et de la lune (qui se renouvelle tous les 29 jours et demi). Dans l'écriture ptolémaïque, le bouquetin a d'ailleurs la valeur phonétique *rnp*, «se rajeunir»[54]. Puisque selon Keimer le rapprochement entre les cornes de bouquetin et l'idée de renouvellement remonte au moins au Nouvel Empire[55], je suis tenté d'admettre que dans le cas de la barque de Toutankhamon, les têtes de bouquetin renvoient aussi à l'idée de régénération de la vie, de renaissance.

Une seconde représentation d'ibex syrien se trouvait dans la tombe de Toutankhamon[56]. Il s'agit d'un vase à onguent en albâtre, très finement sculpté, en forme

Fig. 19. Détail du petit naos doré de Toutankhamon, Caire JE 61481.

Fig. 20. Pectoral de Sésostris II provenant de Lahoun, New York, Metropolitan Museum of Art Inv. 16. 1. 3.

Fig. 21. Vase en forme d'ibex provenant de la tombe de Toutankhamon, albâtre, Caire JE 62122.

d'ibex couché (fig. 21); les pattes sont repliées, la langue légèrement pendante. Le col du vase, sur le dos de l'animal, est cassé et l'une des cornes manque. Pourquoi avoir choisi pour un récipient la forme d'un bouquetin? Est-elle due uniquement à la fantaisie de l'artiste? Je ne le crois pas. Quand on examine les objets de toilette du Nouvel Empire, on constate que le motif du bouquetin se rencontre souvent à côté de celui de l'oryx et de la gazelle (fig. 22-23)[57], et que le thème de la chasse aux animaux du désert revient fréquemment (fig. 24-25)[58]. D'autre part on sait aussi que pour l'iconographie des objets connus sous le nom de «cuillers à fard», on se servait de symboles liés au rajeunissement: le lotus de la renaissance, la jeune fille nue, parfois sous la forme d'une nageuse ou d'une musicienne, etc. Le rajeunissement n'est-il pas le but des cosmétiques? Rappelons, au passage, la jeune fille nue tenant un lotus entre ses seins, sur le devant de la barque de Toutankhamon (fig. 4).

Ces motifs-là se retrouvent aussi sur des coupes à boire en faïence, par exemple sur une coupe du musée de Leyde où une jeune musicienne quasi-nue, un Bès tatoué sur la cuisse, est aux prises avec un singe malicieux qui lui défait sa ceinture (fig. 26)[59]. On ne s'étonnera donc pas de rencontrer également sur ces coupes le thème de la gazelle et son petit (fig. 27), thème que j'ai noté sur trois exemplaires au moins[60]. L'iconographie des objets de toilette et des coupes à boire est parfois qualifiée d'«hathorique». On remarquera d'ailleurs que Bès y est en bonne place, entre autres sur des étuis à kohol.

Pour le Nouvel Empire, on connaît plusieurs types de vases reprenant sous une forme ou sous une autre le motif du bouquetin[61]. Dans le cas des vases en faïence de Basse Epoque, dont le goulot imite une ombelle de papyrus et que l'on nomme gourdes de Nouvel An parce qu'ils s'ornent d'un souhait de «bonne et heureuse année»[62], ce thème n'est certainement pas fortuit.

Mais il y a plus. Il existe, au Nouvel Empire, un certain nombre de vases zoomorphes en terre cuite polie qui nous permettront d'avancer dans notre enquête. L'un d'entre eux, conservé à Munich, est remarquable par la façon dont l'artiste s'est servi des cornes du jeune animal pour façonner l'anse du vase[63] (fig. 28). Un autre,

Fig. 22. Peigne au bouquetin, bois, règne d'Amenhotep III (?), Louvre N 1359
Les Egyptiens ont parfaitement rendu l'attitude de l'animal qui s'agenouille «à poignets» (M. Couturier, *Le bouquetin des Alpes*, Grenoble, 1962, p. 875).

Fig. 23. Cuiller à fard décorée de deux têtes de bouquetin, bois, Nouvel Empire, Caire CG 44908.

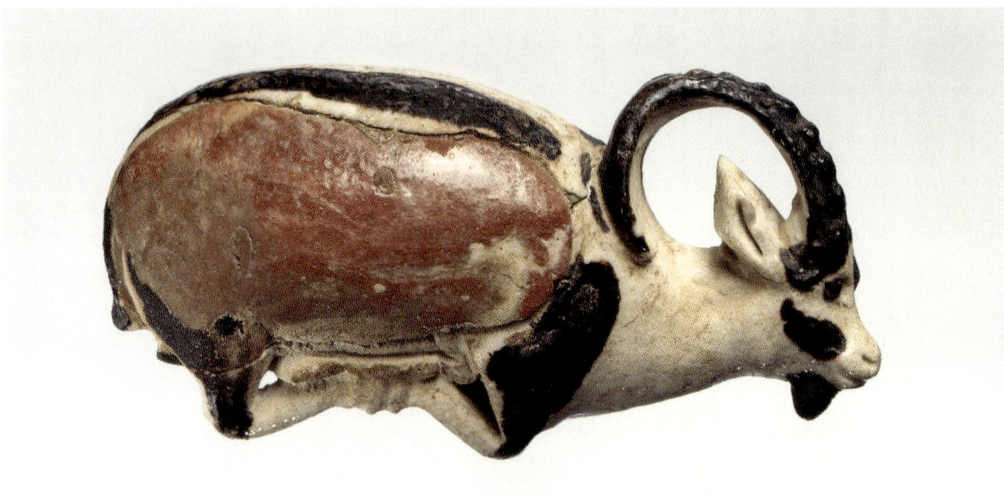

Fig. 24. Boîte à fard en forme de bouquetin syrien aux pattes ligotées, faïence, XVIIIe dynastie, Caire CG 44906.

Fig. 25. Cuiller à fard en forme de bouquetin aux pattes ligotées, porté par une jeune femme, bois, Nouvel Empire, Caire CG 31928.

Fig. 26. Coupe en faïence bleue, Nouvel Empire, Leiden AD 14.

Fig. 27. Coupe en faïence provenant de la tombe de Maherpra, XVIIIe dynastie, Caire CG 24058. Le verso, décoré d'une fleur de lotus, évoque un sein de femme.

Fig. 28. Vase en terre cuite en forme de bouquetin, Munich ÄS 2729.

Fig. 29. Vase en terre cuite en forme de bouquetin femelle, accompagné de deux faons (le second n'est pas visible sur la photo), Nouvel Empire, provient de Dra Aboul-Naga, Louvre E 12659.

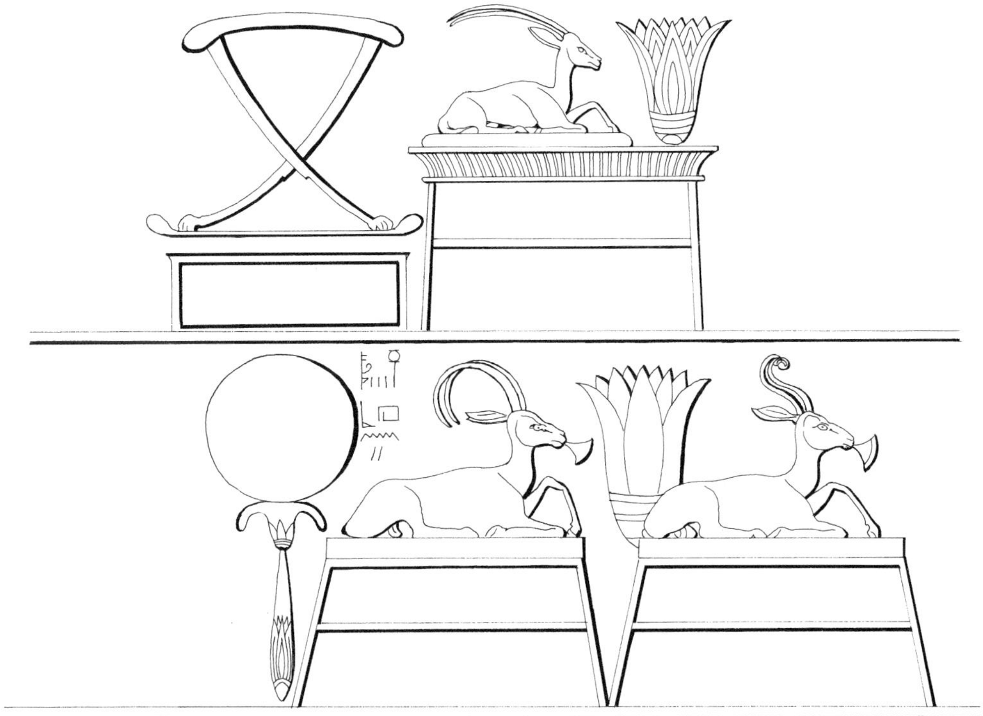

Fig. 30. Vases de Nouvel An dans la tombe de Kenamon (Tombe Thébaine 93), sous Amenhotep II (d'après R. Lepsius, *Denkmäler* III. *Denkmäler des Neuen Reiches,* Berlin, s. d., pl. 64a).

au Louvre, imite une femelle d'ibex, avec un faon de part et d'autre de la tête[64] (fig. 29). Certains auteurs pensent que ces vases étaient utilisés pour contenir du lait[65]. Une série de vases semblables sont représentés dans la tombe de Kenamon à Thèbes, de l'époque d'Amenhotep II[66]. Sur de petites sellettes, parmi des cadeaux offerts à l'occasion des fêtes du Nouvel An, sont exposés trois récipients à l'effigie des animaux que nous avons déjà rencontrés ensemble à plusieurs reprises: l'oryx, en haut, et en dessous, la gazelle et l'ibex (fig. 30). Ce qui ressemble à une fleur dans la gueule de l'antilope et de l'ibex est en réalité le goulot de la bouteille, comme on peut s'en rendre compte grâce au récipient du Louvre. Si le dernier vase est un cadeau de Nouvel An très symbolique, parce que les cornes de l'animal donnent leur forme au signe de l'année, les deux autres animaux doivent à leur tour exprimer

Fig. 31. Pot à pharmacie en forme de femme allaitant, terre cuite, Nouvel Empire, Louvre N 969.

Fig. 32. Corne à huile terminée par une tête de bouquetin, terre cuite, Nouvel Empire, British Museum EA 58793. Lorsqu'une telle corne est figurée dans la main d'une femme qui vient d'avoir un enfant (par exemple sur les vases en forme de femme à l'enfant), il est probable que l'huile a servi à traiter des vergetures chez la mère, à hydrater la peau du nouveau-né ou à soigner des croûtes de lait chez celui-ci.

l'idée de la vie nouvelle. On sait d'ailleurs que le lait, nourriture du nouveau-né, jouait un rôle important dans les rites de Nouvel An[67].

Ces charmantes bouteilles thériomorphes font partie d'une série plus large de récipients de luxe, dont le type le mieux connu a la forme d'une femme à l'enfant. On considère généralement que ce type de vase était destiné à contenir du lait (par exemple Louvre N 969 = fig. 31)[68] et on en fait des flacons pharmaceutiques par référence aux papyrus médicaux qui signalent que, pour guérir certains maux, il faut utiliser «du lait de femme qui vient de mettre au monde un enfant mâle». Dans une vitrine du British Museum sont exposés plusieurs de ces «pots à pharmacie». A côté figure aussi une corne à huile, terminée à une extrémité par une tête de bouquetin[69] (fig. 32); celle-là est en céramique, mais d'autres récipients analogues sont de véritables cornes de bovidé[70]; elles contenaient des huiles de luxe qui semblent surtout avoir été importées de Syrie[71]. Un autre vase encore — au Caire — a la forme d'une naine[72] (fig. 33). Dans ce cas ci, il s'agirait plutôt d'un récipient destiné à contenir de l'huile que du lait, et cela pour deux raisons. La femme difforme n'a pas d'enfant

Fig. 33. Flacon à onguent en forme de naine enceinte se massant le ventre, Nouvel Empire, Caire JE 34403.

à allaiter, mais elle semble enceinte, comme l'indiquerait aussi la position des mains (on a l'impression qu'elle est en train de se masser le ventre); de plus, il faut rapprocher ce vase d'une série de récipients en albâtre sculptés à l'imitation de femmes enceintes — ce sont souvent des naines — et utilisés comme vases à huile ou pots à pommade[73].

Il faudrait à ce stade se poser la question suivante: «comment expliquer dans l'iconographie des vases à huile ou à cosmétiques la prédilection des Egyptiens pour les naines, aux jambes courtes et aux pieds souvent contrefaits?»; mais il est trop tôt pour y répondre.

Résumons brièvement le chemin parcouru jusqu'ici. Après avoir mené une enquête sur la présence de têtes ou de cornes de bouquetin sur différentes embarcations, nous avons pu constater que le bouquetin, ou plus particulièrement les cornes de cet animal, expriment l'idée de renouvellement de la vie, de régénération. On a vu ensuite que le motif de l'ibex se retrouvait au Nouvel Empire sur de nombreux récipients, dont certains au moins doivent être considérés comme des cadeaux de Nouvel An. En passant rapidement en revue divers types de récipients en terre cuite et en albâtre, j'ai juxtaposé les thèmes de la naine et du bouquetin, comme je l'ai fait dans le titre de ma conférence. Même si les vases en forme de bouquetin étaient destinés à contenir de l'huile plutôt que du lait, cela ne poserait aucune difficulté pour l'interprétation. Le lait et l'huile, malgré leurs usages différents, sont l'un et l'autre des produits revivifiants pour le corps. La naine comme le bouquetin évoquent l'idée de la vie nouvelle et la barque de Toutankhamon peut très bien avoir été un cadeau de Nouvel An[74].

Cette suggestion n'éclaire pas tout à fait le problème posé par la barque en albâtre. Pourquoi l'artiste, qui a créé cette «pièce montée», a-t-il choisi et associé deux symboles de régénération à première vue si différents? En d'autres termes, existe-t-il des liens particuliers entre la naine et le bouquetin? Et quelle est leur relation éventuelle avec la jeune femme nue agenouillée sur le devant du bateau?

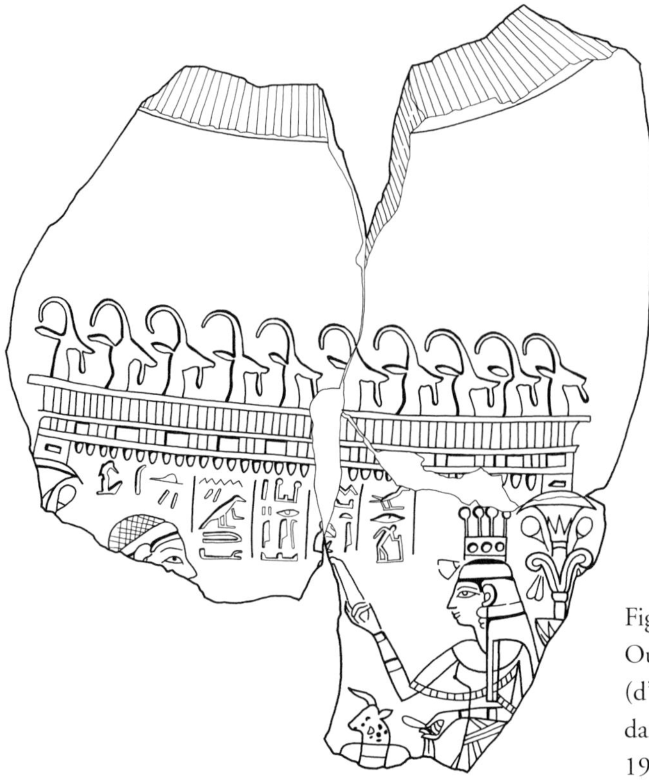

Fig. 34. Fragment de vase trouvé à Ougarit, musée de Damas Inv. 4160 (d'après Chr. Desroches Noblecourt, dans Cl. Schaeffer, *Ugaritica* III, Paris, 1956, fig. 118, p. 165).

Fig. 35. Détail d'un fauteuil de la princesse Satamon, XVIIIe dynastie, Caire CG 51113.

Fig. 36. Deux «favorites royales» dans la tombe de Menna, Tombe Thébaine 69, XVIIIe dynastie.

Comme je l'ai dit au début, Madame Desroches Noblecourt et d'autres savants ont voulu reconnaître dans cette charmante personne une princesse. Et là s'ouvre une nouvelle piste. En effet, sur un fragment de vase appelé «vase de mariage» et trouvé à Ras-Shamra, une dame verse à boire à son époux, Niqmat, roi d'Ougarit[75] (fig. 34). Il s'agirait d'une princesse amarnienne[76]. Le couple se trouve dans un édifice surmonté d'une frise de têtes de bouquetins; ces têtes de bouquetins remplacent manifestement une frise d'uraeus. La couronne de fleurs portée par la princesse d'Ougarit est identique à celle de la princesse Satamon, fille d'Amenhotep III, sur le fauteuil ayant appartenu à cette princesse et trouvé dans la tombe de ses grands-parents, Youya et Thouyou (fig. 35). Mais sur le front de la princesse Satamon[77] une tête de gazelle jaillit du diadème, qui n'existe pas sur le document d'Ougarit. Je pense que cette tête de gazelle a la même fonction apotropaïque que l'uraeus — auquel s'ajoute parfois le vautour — fixé au front du roi et éventuellement de la reine; les têtes de bouquetins couronnant le dais sur le fragment de vase de Ras Shamra auraient également la même valeur. Il existe d'autres attestations de têtes de gazelle sur le front des dames: dans la tombe de Menna, par exemple, deux favorites royales présentent cet emblème (la gazelle est bien reconnaissable grâce à la courbe en S de ses cornes) (fig. 36); au Metropolitan Museum of Art à New York se trouve un serre-tête en or, orné de deux têtes de gazelle; il a appartenu à une des épouses secondaires de Thoutmosis III[78] (fig. 37); à cause des noms intraduisibles ou non-égyptiens des trois princesses, on suppose qu'elles étaient d'origine étrangère et qu'il s'agit de filles de chefs syriens ou cananéens; un diadème en électrum, qui fait également partie de la collection du Metropolitan Museum of Art, s'orne de deux têtes de gazelles de part et d'autre d'une tête de cerf, animal rarement attesté dans l'iconographie égyptienne (fig. 38); ce diadème viendrait du Delta oriental et est daté de la Deuxième Période Intermédiaire[79].

Plusieurs auteurs font remarquer qu'à Ougarit et ailleurs au Proche-Orient la gazelle servait de symbole aux princesses de sang royal[80]. Mais on peut encore avancer d'autres arguments pour montrer que le motif de la tête de bouquetin ornant le front des épouses royales en Egypte vient d'Asie. Sur une stèle thébaine du Nouvel Empire[81], la déesse Qoudshou [Qadesh], nue, dressée sur un lion passant, est figurée entre un dieu qui nous est familier, Amon-Min, et un personnage divin dont le nom se lit Reshpou et est appelé habituellement Reshef. Qadesh et Reshef sont deux divinités sémitiques importées de Syrie-Palestine. Reshef (essentiellement un dieu guerrier) porte sur le front une tête de gazelle. Pour expliquer ce détail qui se retrouve sur de nombreuses représentations égyptiennes de Reshef, on fait appel à sa nature de dieu du désert[82]. Quant à Min, il n'est pas seulement un dieu de la fertilité, mais aussi un dieu du désert, et je n'invente rien en disant que la gazelle, qui à Coptos est le symbole d'Isis, est offerte en sacrifice à Min, dieu du désert[83].

Si l'association du dieu étranger Reshef et de la gazelle est bien connue — sans avoir fait l'objet cependant d'une étude approfondie —, il est un autre dieu pour lequel la gazelle, attribut bien visible dans certains cas, n'a pas vraiment retenu l'attention. Il s'agit d'Horus ou plutôt d'Harpocrate, c'est-à-dire Horus l'enfant. Sur

Fig. 37. Diadème orné de deux têtes de gazelle, or, époque de Touthmosis III, MMA 26.8.99.

Fig. 38. Diadème orné d'une tête de cerf et de têtes de gazelle, or, Deuxième Période Intermédiaire (?), MMA 68.136.1c.

Fig. 39. Stèle magique en grauwacke, Basse Epoque, Musée Pouchkine I.1.a.4467 (d'après S. Hodjash et O. Berlev, *The Egyptian Reliefs and Stelae in the Pushkin Museum of Fine Arts, Moscow,* Leningrad, 1982, cat. 182).

une stèle du musée Pouchkine à Moscou[84] (fig. 39), tous les éléments des stèles magiques appelées «cippes d'Horus» sont réunis: le masque prophylactique de Bès, les animaux dangereux dans les mains et sous les pieds d'Horus; seule la figuration de profil du jeune dieu fait penser aux stèles où apparaît le dieu Shed, qu'il faut considérer comme la préfiguration d'Horus sur les crocodiles. Une amulette du musée du Caire (CG 9427, XVIIIe dynastie) présente, sur le revers, le dieu Onouris et le faucon

Fig. 40. Amulette, bois, XIXe dynastie, Caire CG 9427 (d'après G. Daressy, *Textes et dessins magiques*, Catalogue général du Caire, Le Caire, 1903, pl. X).

Horus sur un oryx, de l'autre côté, le dieu Shed[85] (fig. 40). L'origine du dieu chasseur Shed, nom que l'on traduit par «sauveur», reste obscure. Certains auteurs estiment que malgré son apparence égyptienne il est d'origine sémitique. Sur le crâne, il porte la boucle des princes, et au front l'uraeus; d'une main, Shed tient un arc et deux serpents et on a l'impression qu'il tente de retenir, de maîtriser un lion; de l'autre, il tient visiblement une gazelle vivante. Sur une stèle de la XIXe dynastie (fig. 41)[86], dédiée à Shed par le scribe Ramosé, qui espère obtenir par sa prière santé, bonheur et allégresse, le jeune dieu est vêtu et coiffé comme un prince; les cornes de gazelle sont bien reconnaissables sur son front, il maîtrise un lion, des serpents et des scorpions, écrase des crocodiles et tient en laisse deux gazelles qui se précipitent sur

Fig. 41. Stèle de Ramose, XIXe dynastie, provient de Deir el-Medina, Caire JE 72024.

un arbuste stylisé. Le texte dans le cintre décrit Shed comme un «dieu ... venu des déserts porteur de l'œil-*oudjat* en bonne santé, pour excercer sa protection sur cette demeure».

Le thème de la gazelle, habitant du désert qui cherche de la végétation pour se nourrir et se dresse pour cela contre les arbustes (fig. 42), est repris à l'observation de la nature et fort bien attesté dans tout le Proche Orient. Le motif de «l'arbre de vie» a d'ailleurs déjà été étudié[87]. Sur un coffre du Nouvel Empire conservé à Bologne (fig. 43), le motif de la gazelle qui se régale des feuilles d'un arbre est associé à celui de l'animal qui allaite son petit, image de la transmission de la vie. Le même sujet se rencontrait déjà au Moyen Empire, notamment à Kerma, où des bouquetins remplacent les gazelles (fig. 44): ainsi, ces animaux du désert sont à nouveau mis en parallèle. Une variante de ce thème, qui illustre en même temps sa

Fig. 42. Gazelle dégustant les branches d'un épineux.

large diffusion, montre que l'arbre doit vraiment être considéré comme une source de vie: il s'agit d'un vase fragmentaire trouvé à Lakish (fig. 45), sur lequel l'image répétée du triangle pubien — à la place de l'arbre — est chaque fois flanquée de deux bouquetins[88].

Beaucoup plus tard, dans l'art copte, les scènes de chasse continuent d'exister[89] et le thème de l'arbre de vie est souvent traité dans l'art paléochrétien. Ainsi, sur une stèle copte du Musée de Lyon (fig. 46), l'antilope doit probablement être comprise

Fig. 43. Détail d'un coffret au nom de Perpaouty, XVIIIe dynastie, Bologne, Museo Civico Archeologico KS 1970.

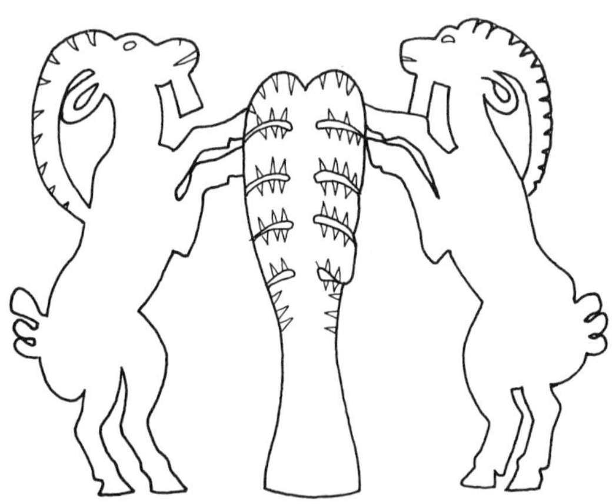

Fig. 44. Incrustations d'ivoire provenant de Kerma (H. Junker, *Bemerkungen zur Kermakunst,* dans *Studies presented to F.Ll. Griffith*, London, 1932, p. 300).

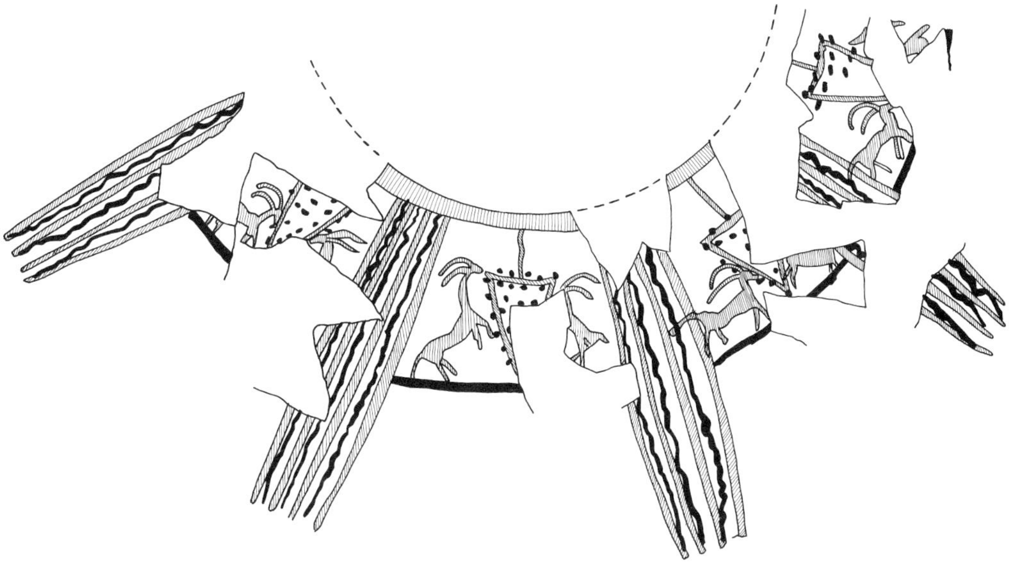

Fig. 45. Vase fragmentaire trouvé à Lakish (d'après O. Tufnell, Ch.H. Inge et L. Harding, *Lachish II (Tell ed Duweir). The Fosse Temple*, London ..., 1940, pl. LIX, 2).

Fig. 46. Stèle copte provenant de Coptos, Musée des Beaux-Arts de Lyon Inv. E 501.

Fig. 47a. Stèle magique, XXIe dynastie (?), provenance inconnue, Caire JE 86115.

Fig. 47b. Détail de la stèle magique, Caire JE 86115.

comme le symbole de la vie nouvelle. Ce symbolisme a pour origine les circonstances de vie des animaux du désert: la vie se crée dans un milieu austère et est continuellement menacée par les bêtes carnivores et par l'homme[90].

Revenons maintenant à Shed et à Horus sur les crocodiles. Ces deux dieux sont associés sur une stèle magique exposée au musée du Caire (fig. 47)[91]. Sur le socle, le dieu Shed, dans un char tiré par des griffons, chasse les animaux du désert. En haut-relief sur la stèle, le jeune Horus tient un lion et un oryx dans les

Fig. 48. Bès Panthée, Basse époque, moulage d'une stèle (dont le lieu de conservation est inconnu) au musée de Leyde, Inv. AeD 311 (d'après T. Hopfner, *Griechisch-ägyptischer Offenbarungszauber*, Leipzig, 1921, p. 807).

mains; sa tête est surmontée du masque de Bès et une tête de gazelle ou d'oryx orne son front[92].

D'Horus sur les crocodiles on passe sans problème à Bès Panthée (génie réunissant en lui les forces de plusieurs êtres divins), qui lui aussi empoigne lion et oryx (fig. 48). Le rapprochement est évident: le masque effrayant de Bès au-dessus de la tête d'Horus (fig. 39, 47)[93] suggérait déjà une nature commune[94]. Comme pour Shed et Horus, la coiffure de Bès peut s'orner d'une ou de deux têtes de gazelles. L'une des frises du mammisi romain de Dendara, par exemple, est faite de têtes du dieu Bès flanquées de têtes de gazelle (fig. 49, 50)[95]. Pour comprendre le lien qui existe entre Bès et les animaux du désert, il faut savoir que Bès dompte les animaux sauvages comme le jeune Horus, qu'il maîtrise lions, bouquetins et serpents tout comme Shed[96]. [Près du mammisi romain de Dendera encore une fois,] se trouve un bloc qui représente Bès rentrant de la chasse avec sa proie (une gazelle) sur les épaules (fig. 51)[97].

Fig. 49. Bloc provenant d'une frise du mammisi romain de Dendara et entreposé aujourd'hui à l'ouest de ce monument.

Fig. 50. Frise du mammisi romain de Dendara (d'après F. Daumas, *Les mammisis de Dendara*, Le Caire, 1959, pl. XCV).

52

Fig. 51. Bloc rectangulaire (élément de montant de porte?) entreposé près du mammisi romain de Dendara.

Fig. 52. Relief provenant d'Ougarit, Louvre AO 11601.

Les mêmes idées exactement s'expriment en Orient. Sur une cuve du musée de Damas provenant de Tell Mardikh, le dieu Ashtar à tête de lion maîtrise deux lions, tandis qu'à ses pieds sont représentés un lièvre, un chien et ... deux bouquetins[98]. Bès est le pendant des déesses du Proche-Orient que l'on a qualifiées de «maîtresses des animaux sauvages», telle cette déesse d'Ougarit qui tend de la végétation à deux animaux à cornes dressés sur leurs pattes arrières (fig. 52)[99].

Fig. 53. Figurine de Bès en terre émaillée, fin du Nouvel Empire ou Basse Epoque, Caire CG 38730).
De part et d'autre de la tête de Bès, deux singes accroupis.

Revenons une fois encore à l'Egypte. J'ai donc envisagé un rapport entre, d'une part, les trois animaux interchangeables que sont le bouquetin, la gazelle et l'oryx et, d'autre part, Hathor et des déesses apparentées. Il est apparu que ces animaux, qui se retrouvent sur de nombreux objets de toilette, ont trait au renouvellement de la vie et sont liés au monde de la femme. Très souvent on trouve en effet sur ces objets des références à Hathor, déesse de la féminité, ou à Bès, dieu protecteur des femmes enceintes et des jeunes mères. Ensuite, j'ai constaté que la gazelle était l'emblème des favorites du harem royal[100]. Puis, en passant par Reshef, Shed et Horus, dont l'aspect de «seigneurs du désert» s'exprime par la tête de gazelle sur le front, je suis arrivé à Bès, qui est manifestement la contrepartie masculine des «maîtresses des animaux sauvages». L'évolution de Bès, qui passe de démon protecteur à maître des animaux du désert, est parallèle à un autre développement: Bès est intégré de plus en plus dans la théologie solaire; il assiste au lever du soleil à l'horizon oriental et monte la garde auprès du jeune soleil, de sorte qu'au travers des nouvelles alliances qu'il

Fig. 54. Enseigne à l'effigie de Bès, faïence, fin du Nouvel Empire ou Basse Epoque, Louvre E 3090.

conclut avec des dieux de l'est comme Reshef, Horus et Min, Bès finit par entretenir des rapports particuliers avec le désert oriental[101].

En ce qui concerne le lien qui existe entre Bès et les animaux du désert et que je viens de mettre en évidence, je voudrais encore faire allusion à une série de représentations de Bès, souvent en faïence, qui remontent au moins à la fin du Nouvel Empire[102]. Certaines de ces pièces ont même été trouvées en dehors de l'Egypte. Tantôt Bès tient un oryx et un bouquetin[103] (fig. 53), tantôt un oryx (fig. 54)[104] ou un bouquetin couché (fig. 55)[105] est figuré à l'arrière de sa coiffure à plumes. A première vue, l'interprétation du second type d'objet, dont le recto présente le dieu

Fig. 55. Enseigne à l'effigie de Bès, prov. de Tell Moqdam (?), fin du Nouvel Empire ou Basse Epoque, Caire JE 39424.
Sept singes et deux grenouilles entourent le dieu.

Bès donnant le sein à un enfant, est difficile. Sans que je puisse approfondir aujourd'hui la question, il est nécessaire de soulever le problème, car il est important pour notre propos. Je me permets de simplifier les choses. La personnalité divine à laquelle nous avons affaire est-t-elle le dieu masculin Bès ou bien un être androgyne, comme le pensent certains? Dans le premier cas — c'est-à-dire quand on considère que Bès est nécessairement une divinité masculine — on dit que la main droite tend un aliment plus ou moins rond à l'enfant et on propose d'y reconnaître une noix, la noix du palmier-doum; dans l'autre hypothèse — c'est-à-dire si Bès est bisexué — on

Fig. 56. Béset allaitant le jeune Bès, terre cuite hellénistique (d'après P. Perdrizet, *Les terres cuites grecques d'Egypte de la collection Fouquet,* Nancy ..., 1921, pl. XLIV).

considère que le personnage, que la barbe caractérise comme un individu masculin, allaite le petit Bès. Il me semble qu'on ne peut pas invoquer le fait que c'est normalement le sein gauche qui est offert à l'enfant comme argument contre l'interprétation d'une divinité nourricière. Quand on compare ceci aux jolis «pots à lait» dont il a été question précédemment (fig. 31), il faut bien constater que la différence n'est pas grande: la position de la main est analogue et le sein a à peu près la même forme. Reste la question de la barbe. Cette «barbe», qu'il vaut mieux définir comme le masque léonin grotesque, n'est peut-être pas un argument décisif pour enlever à notre créature son rôle de mère[106]. Au lieu de Bès, il pourrait s'agir tout simplement de sa contrepartie féminine, appelée Béset. Si dans certains cas on a prêté à Béset le muffle léonin de son compagnon — le jeune Bès garde à son tour la crinière stylisée du lion — on se rappellera que la déesse Sekhmet a elle aussi une tête de lion. La mère du jeune Bès peut présenter dans d'autres cas le visage d'une femme. Une terre

Fig. 57. Bès et Béset dansant, Basse Epoque, calcaire, Louvre E 11138.

cuite hellénistique la représente de la sorte, offrant à son enfant non pas une belle pomme, mais son sein[107] (fig. 56).

L'origine de Béset, contrepartie féminine de Bès, est compliquée. Béset est peut-être l'avatar d'une créature féminine figurée sur les couteaux magiques du Moyen Empire, et caractérisée par un visage cerné d'une crinière de lion, des jambes écartées et parfois fléchies, et la présence d'un serpent dans chaque main[108]. Bès, qui en maîtrisant les animaux sauvages écarte les dangers, assiste les femmes parturientes en qualité de protecteur du nouveau-né, et devient ainsi un dieu de la chambre à coucher. Sa présence sur de multiples objets (chevets, instruments de toilette, etc.) en témoigne. Il devient lui même un dieu procréateur; car la sexualité n'est pas seulement l'apanage

Fig. 58. Bès et Béset dans les «chambres de Bès» à Saqqara (d'après J.E. Quibell, *Excavations at Saqqara 1905-1906*, Le Caire, 1907, pl. XXVII).
Ce fragment a été détaché et se trouve aujourd'hui au musée du Caire.

d'Hathor, les prétentions de Bès dans ce domaine sont évidentes, comme en attestent certaines représentations (notamment le Bès danseur du Louvre[109] = fig. 57, ou les chambres dites «de Bès» découvertes il y a fort longtemps à Saqqara[110] = fig. 58), où un personnage féminin est figuré à côté de Bès. Béset se présente comme une naine nue, jouant du tambourin sur le relief du Louvre, et le corps entièrement tatoué et décoré dans les chambres de Bès[111]. Bès adulte a donc besoin d'une compagne pour satisfaire son envie de contribuer au renouvellement de la vie, mais il a également besoin d'une mère pour le jeune Bès. On ne s'étonnera pas de voir que l'épouse de Bès a souvent l'aspect d'une naine, [étant la contrepartie féminine d'un génie contrefait]. Même lorsque Béset a comme Bès un faciès léonin et des plumes, ses jambes courtes et arquées sont celles d'une naine. Un récipient d'assez grande

Fig. 59. Support de vase en calcaire représentant une naine, enceinte, maîtrisant des serpents, probablement XIIe-XIIIe dynastie, Leyde Inv. F 1984/11.3.

Fig. 60. Bès sur les épaules de Béset, enseigne en faïence, VIe s. av. J.-C. (?), provient de Kition, Louvre MNB 98.

taille, conservé à Leyde et daté du Moyen Empire[112] (fig. 59), permet d'établir un rapport entre la démone du Moyen Empire qui est peut-être à l'origine de Béset et les vases à huile, en albâtre ou en terre cuite, du Nouvel Empire. La femme nue, enceinte, tient en effet, comme Bès et Béset à l'occasion, deux serpents dans les mains.

Je me suis demandé en commençant cet exposé quel pouvait être le lien entre la naine et le bouquetin. C'est Bès, évidemment, qui apparaît aussi bien en protecteur de la vie nouvelle, perché sur une naine corpulente et nue[113] (fig. 60), que debout

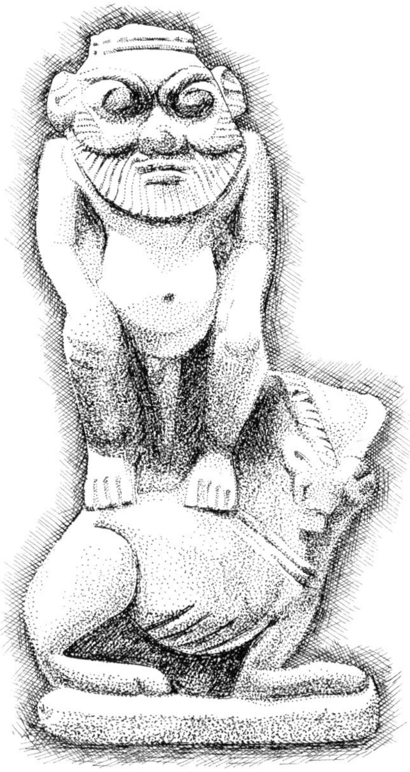

Fig. 61. Bès debout sur un animal à cornes, Tübingen, Ägyptische Sammlung der Universität, Inv. 1352.

Fig. 62. Bès, la naine et le bouquetin, métal cuivreux, Basse Epoque, Louvre E 22874.

sur un bouquetin ou une gazelle en tant que maître des animaux sauvages[114] (fig. 61). Le trio «Bès, la naine et le bouquetin» est d'ailleurs réuni sur une statuette que je n'ai pas fabriquée moi-même pour les besoins de la cause, mais que j'ai découverte dans la collection égyptienne du musée de Bruxelles[115] (cfr fig. 62).

Puisque Bès était visiblement le «chaînon manquant» entre la naine et le bouquetin de la barque en albâtre de Toutankhamon, une idée m'est venue à l'esprit: n'y avait-il pas, parmi les innombrables objets de la tombe du roi, une statuette en albâtre représentant Bès? Un objet décrit par Madame Desroches Noblecourt comme un vase à onguents a la forme d'un lion prophylactique que l'auteur identifie à

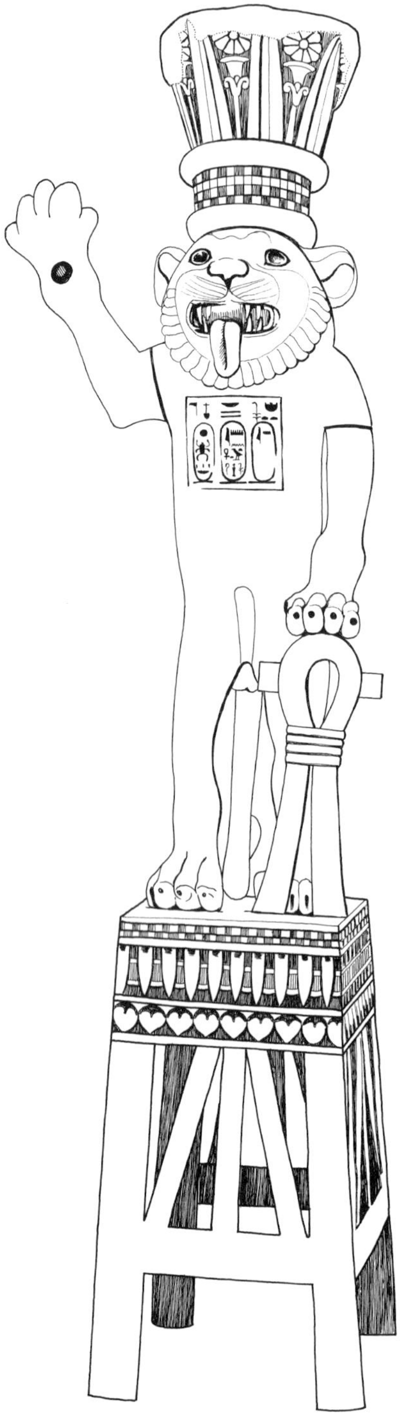

Fig. 63. Bès-lion, vase à parfum en albâtre provenant de la tombe de Toutankhamon, Caire JE 62114 (d'après [Catalogue de l'exposition] *Treasures of Tutankhamun,* New York, Ballantine Books, 1976, pl. 28).

Fig. 64. Bès-lion et la barque en albâtre au moment de leur découverte dans l'«annexe» du tombeau de Toutankhamon (d'après I.E.S. Edwards, *Tutankhamun: His Tomb and its Treasures*, New York, 1978, p. 215).

Mahes, fils de Sekhmet ou de Bastet[116] (fig. 63). D'autres savants reconnaissent cependant le dieu Bès dans ce lion qui pose une patte sur le signe 𓍯 (=protection), tire la langue et est coiffé de la couronne à plumes. A mon avis, on ne peut guère douter qu'il s'agit bien de Bès. Les deux lions dressés qui flanquent Bès sur l'un des lits de Toutankhamon représentent également Bès, sous sa forme léonine[117].

En regardant la barque posée sur son coffre décoré qui doit évoquer le lac sur lequel elle navigue, et le Bès-lion dressé sur un socle en forme de tabouret, j'ai pensé que les deux objets devaient constituer une paire, parce qu'ils ont à peu près la même hauteur et qu'on y retrouve les mêmes éléments décoratifs. J'ai alors cherché à connaître leur emplacement dans la tombe et j'ai eu une surprise: ils ont été trouvés l'un à côté de l'autre, dans la chambre que l'on appelle l'annexe (fig. 64). Cette découverte dissipe le dernier doute. Les deux œuvres constituent bel et bien un ensemble.

Concluons. La barque en albâtre de Toutankhamon, d'une part — probablement un récipient à parfums posé sur un bassin destiné à recevoir des lotus ou d'autres fleurs —, et le vase à parfum en forme de Bès-lion, d'autre part, constituent un double cadeau de Nouvel An et de mariage (ou éventuellement de naissance). Les têtes de bouquetin qui ornent la proue et la poupe du bateau s'inscrivent dans une longue tradition égyptienne — même s'il s'agit d'ibex syriens — et se situent visiblement dans un contexte hathorique. Ces têtes de bouquetins ont la même fonction que les autres ornements aux extrémités des barques divines, c'est-à-dire écarter toute influence néfaste. Elles sont en même temps, et au même titre que les têtes de gazelle, un symbole de régénération; rappelons la gazelle au front des concubines royales, le thème des animaux du désert associés à l'arbre de vie, etc., motifs qui ne sont pas exclusivement égyptiens mais dénotent des liens avec le Proche-Orient. Dans le langage de tous les jours, je dirais que la naine est la compagne, la petite amie de Bès qui a aussi bien la chasse que l'amour à son programme; l'animal du désert qui est sa victime lui sert de trophée, de moyen de dissuasion contre toute menace. Un tel cadeau, dont le message de bonheur se lit dans le symbolisme évocateur, est splendide, mais, avouons-le ... fort encombrant[118].

Addendum

On peut se demander comment concilier la chasse aux animaux du désert et le respect de la vie nouvelle. Pareille question pourrait nous entraîner bien loin, mais je me limiterai à évoquer deux histoires. La première est empruntée à l'Ancien Testament et tout le monde la connaît bien: c'est l'histoire d'Abraham qui offre en sacrifice son fils unique Isaac, auquel Dieu substitue un bouc ou un bélier[119]. La seconde relate un miracle dans le désert égyptien, décrit dans une inscription rupestre du Ouadi Hammamat datée de la XIe dynastie: des carriers regardent une gazelle donner naissance à son petit sur un rocher, puis offrent la mère en sacrifice[120].

Notes

Les notes, voulues et indiquées par l'auteur de façon très abrégée, ont été développées et complétées par l'éditeur. *Entre crochets,* on trouvera de véritables additions de la part de l'éditeur: en effet, à force de compulser la documentation réunie par J. Q., j'ai découvert d'autres renseignements qui enrichissaient son texte et qu'il m'a paru utile de joindre au manuscrit.

Abréviations utilisés:
ASAE = *Annales du Service des Antiquités de l'Egypte*
BIE = *Bulletin de l'Institut d'Egypte*
BIFAO = *Bulletin de l'Institut Français d'Archéologie Orientale*
CASAE = Cahiers des Annales du Service des Antiquités de l'Egypte
EPRO = Etudes préliminaires aux religions orientales dans l'empire romain
JNES = *Journal of Near Eastern Studies*
LÄ = *Lexikon der Ägyptologie*
MIFAO = Mémoires de l'Institut Français d'Archéologie Orientale
OLA = Orientalia Lovaniensia Analecta
OMRO = *Oudheidkundige Mededelingen van het Rijksmuseum van Oudheden te Leiden*
RdE = *Revue d'Egyptologie*

1 [Caire JE 62120 = C(arter) 578 = T 535 (catalogue spécial Toutankhamon), cfr B. PORTER & R. MOSS, *Topographical Bibliography of Ancient Egyptian Inscriptions* ... I, 2, Oxford, 1964, p. 585].

2 [La barque figure aussi sur un tableau égyptisant d'Augustin Lesage (Arras 1876 - Le Caire 1954), *Les mystères de l'Antique Egypte,* 1930, collection particulière].

3 [Ce sont les dimensions «hors tout» données par H. CARTER, *The Tomb of Tut-ankh-Amen.* III, London ..., (1933), p. 128 («27 × 28 inches»); cependant, sur les fiches manuscrites de Carter, conservées au Griffith Institute, on trouve 66,8 cm (hauteur) × 58,3 cm (longueur maximale). Je n'ai pu mesurer moi-même l'objet, mais à travers la vitrine 58,3 cm semble une longueur vraisemblable; dans ce cas, la hauteur ne peut être 66,8 cm, car l'objet est plus long que haut. Il subsiste donc un problème que le Journal d'Entrée du Musée du Caire ne permet pas d'élucider, car il ne donne pas les dimensions de la barque].

4 Chr. DESROCHES NOBLECOURT, *Toutankhamon. Vie et mort d'un pharaon,* (Paris), 1963, p. 95.
[Ce bâton ou cette gaffe est bien visible sur les photos prises par Harry Burton au moment de la découverte du tombeau cfr I.E.S. EDWARDS, *Toutankhamon. Sa tombe et ses trésors,* (Paris, 1978), p. 215 et 223; P. FOX, *Tutankhamun's Treasure,* London ..., 1951, pl. 71; telle que la barque est exposée aujourd'hui, la naine ne tient plus rien en mains].

5 J. YOYOTTE, *Trésors des pharaons,* Genève, 1968, p. 128-132 à propos de la pl. p. 126.

6 Chr. DESROCHES NOBLECOURT, *op. cit.*, p. 203 écrit. «... il faut reconnaître (une seule et même personne) en la sœur de Néfertiti, Moutnedjemet, et celle qui devint l'épouse d'Horemheb. ... La charmante évocation féminine, accroupie à la proue de la barque d'albâtre à tête de bouquetin, retrouvée dans l'annexe de la tombe, la représente peut-être. A l'arrière de la barque, une naine rappelle l'escorte de celle qui fut, sans doute, la seconde fille d'Aÿ et de la nourrice royale Ti».

[7] [Après avoir examiné l'objet au musée du Caire, je puis assurer que la jeune femme est bien nue; il n'y a aucune trace, ni peinte, ni gravée, d'un quelconque vêtement; en revanche, la présence de boucles d'oreilles ainsi que de bracelets au poignet et aux biceps — soit autant d'instruments de séduction — renforce l'idée que la dame était nue (sur ce point, voir Postface, p. 156)].

[8] [M. GABOLDE, *D'Akhénaton à Toutankhamon*, à paraître, estime que la coiffure portée par la naine est réservée aux très jeunes adolescentes. Néanmoins, la naine a clairement un visage et des proportions d'adulte, même si la poitrine n'est pas très développée].

[9] N. DE G. DAVIES, *The rock-tombs of El-Amarna*. II, London, 1905, pl. VIII (tombe de Panehesy); V, London, 1908, pl. III (tombe de May); VI, London, 1908, pl. XVII (tombe de Toutou), XXVI et XXVIII (tombe de Ay).

[10] P. 223.

[Voici les propos de Carter lui-même quant à la barque d'albâtre: «je l'appellerais «milieu de table» (quelle autre destination pouvait-elle avoir?); sculptée dans de l'albâtre semi-translucide, gravée et peinte de rangées de fruits et de fleurs, [la barque donne l'impression d'avoir été faite] pour figurer à un banquet ou à une célébration quelconque» (H. CARTER, *The Tomb of Tutankhamen*. III, London ..., (1933), p. 127); «rien n'a été trouvé pour nous éclairer sur la véritable nature de ce petit monument; c'est une relique des temps passés, [un souvenir] de coutumes avec lesquelles nous n'avons plus d'affinités. Si par hasard elle appartenait à la série des modèles de barques funéraires comme celles qui ont été découvertes dans le «trésor», la barque serait un objet purement rituel ayant servi à l'enterrement. Mais elle semble être simplement un produit de l'imagination, comme le petit bateau en argent de Kamosis et Ahhotep, et pour cette raison je suis tenté de croire qu'elle a constitué un objet d'art du palais et ne fut pas conçue à des fins funéraires» (*op. cit.*, p. 129-130)].

[11] *Toutankhamon. Vie et mort d'un pharaon*, (Paris), 1963, p. 299 (à propos de la pl. XXIV, p. 108).

[C'est une idée très répandue, cfr I.E.S. EDWARDS, *Toutankhamon. Sa tombe et ses trésors*, New York, (1978), p. 218, ou la carte postale éditée en 1963 par le Ministère Egyptien de la Culture pour venir en aide à la sauvegarde des monuments de Nubie, ainsi que les commentaires des guides au Musée du Caire].

[12] D.J. OSBORNE, *Corrections in the Identifications of the Alabaster Ibexes in Tutankhamun's Treasures*, dans *JEA* 73 (1987), p. 243-244.

[Les vraies cornes, même chez l'animal jeune, présentent toujours des excroissances sur la face antérieure (cfr *infra*, fig. 9 p. 17 et n. 26), absentes dans ce cas-ci].

[13] Cl. GAILLARD, *Les tâtonnements des Egyptiens de l'Ancien Empire à la recherche des animaux à domestiquer*, dans *Revue d'Ethnographie et de Sociologie*, III, 1912, p. 10 de l'extrait; J. BOESSNECK, *Die Tierwelt des Alten Ägypten*, München, (1988), p. 42 et fig. 28.

[Voir aussi M. COUTURIER, *Le bouquetin des Alpes*, Grenoble, 1962, p. 843-877 «Le bouquetin de Nubie et d'Abyssinie, *Capra aegagrus ibex nubiana*». On retiendra notamment que le bouquetin de Nubie ne se rencontre que sur la rive droite du Nil, depuis le Djebel Attakah jusqu'au Soudan (p. 846 et carte p. 849); qu'il est plus petit que le bouquetin des Alpes, parce que sa nourriture est plus maigre et moins abondante (p. 851, 873), mais qu'il est fort proche de l'ibex syrien» (p. 853). M. Couturier signale en 1962 «qu'il a disparu ou qu'il est en train de disparaître: les bouquetins de la réserve naturelle du Ouadi Rish Rash, à 85 km au sud-est du Caire, sont déjà devenus rarissimes» (p. 846, 877). En 1997, je n'ai plus trouvé, malgré une enquête approfondie, un seul bouquetin au zoo du Caire. Mais à ma grande surprise, j'en ai retrouvé quelques-uns dans un jardin zoologique privé sur l'autoroute d'Alexandrie (fig. 9)].

[14] [A.C.T.E. PRISSE D'AVENNES, *Histoire de l'art égyptien d'après les monuments.* II, Paris, 1878, pl. 47; C. VANDERSLEYEN et alii, *Das alte Ägypten* (Propyläen Kunstgeschichte, 15), Berlin, 1975, pl. XXIX. C'est sur la planche d'A.G. SHEDID, *Die Felsgräber von Beni Hassan in Mittelägypten,* Mainz, 1994, p. 61 que les marques faciales de l'animal se voient le mieux].

[15] [Dans le texte original de J. Quaegebeur, le mot «capriné» était suivi de la note que voici: «D'après Wim Van Neer (Musée royal d'Afrique centrale, Tervueren-Bruxelles), que je remercie pour certaines précisions, il faudrait parler de caprinés et non de capridés»].

[16] [Par exemple I. WOLDERING, *L'Egypte des pharaons. Hommes et dieux,* Paris, (1967), pl. I, p. 13 (musée d'Hildesheim); H. Kantor, dans *JNES* VII (1948), fig. 3 p. 50; H. ASSELBERGHS, *Chaos en beheersing,* Leiden, 1961, pl. VII n° 13 (coll. Mac Gregor); (Cat. de l'exposition) *Nofret - Die schöne. Die Frau im alten Ägypten,* Roemer- und Pelizaeus-Museum Hildesheim, 15. Juli - 4 Nov. 1985, n° 99 p. 18-19 = Hannover, Kestner-Museum, 1954.125].

[17] H. ASSELBERGHS, *op. cit.*, n°s 127-128 = pl. LXX-LXXI et p. 330 (la palette a été trouvée à Hiérakonpolis).

[18] J. BOESSNECK, *op. cit.*, p. 36, fig. 23.

[19] [Par exemple W.F. PETRIE, *Medum,* London, 1892, pl. XIV; T.G.H. JAMES, *The Mastaba of Khentika called Ikhekhi,* London, 1953, pl. XVII; W.F. PETRIE, *Deshasheh 1897,* London, 1898, pl. XI (tombeau d'Anta); N. DE G. DAVIES, *The Mastaba of Ptahhetep and Akhethetep at Saqqareh.* II, London, 1901, pl. XVI, XIX. — Voir aussi J. VANDIER, *Manuel d'archéologie égyptienne.*V, Paris, 1969, p. 6-8; B. BRENTJES, *Gazellen und Antilopen als Vorläufer der Haustiere im Alten Orient,* dans *Wiss. Zeitsch. der M. Luther-Univ. Halle-Wittenberg* Juni 1962, p. 537, 539, 540; D. PATON, *Animals of Ancient Egypt,* San Antonio, 1994 (reprint de l'éd. de 1925), p. 11: E 18, a].

[20] J. VANDIER, *Manuel d'archéologie égyptienne.* IV. *Bas-reliefs et peintures. Scènes de la vie quotidienne,* Paris, 1964, p. 787-833 (= la chasse dans le désert, jusqu'au Nouvel Empire); tome V, Paris, 1969, p. 1-58 (défilés d'animaux du désert mêlés à des animaux d'élevage).
[Pour l'époque tardive, on peut citer encore: le tombeau de Pétosiris à Touna el Gebel, cfr *L'Egypte du crépuscule* (L'Univers des Formes, III), Paris, (1980), fig. 76 p. 94; d'innombrables temples ptolémaïques, dont celui de Medamoud].

[21] Fig. 7 = B. PORTER & R. MOSS, *Topographical Bibliography* ... VI, Oxford, 1939, p. 181, 1-3; J. DE MORGAN, *Catalogue des monuments et inscriptions de l'Egypte ancienne.* II, 1, Vienne, 1895, p. 62 n° 67. Non seulement les trois animaux à cornes sont conduits par le porteur d'offrandes, mais ils sont encore figurés tous les trois sur le plateau que tient en mains ce personnage.
[Je remercie Sylvie Cauville d'avoir identifié le document photographié par J. Q.].

[22] [Par exemple sur une boîte «de toilette» semi-cylindrique, provenant de Sedment et conservée à Manchester (Inv. 6975, cfr cliché FERE 21651). Pour une étude de synthèse sur ces boîtes, voir A. Herbert, *Les boîtes de toilette cylindriques et semi-cylindriques des XVIIIe et XIXe dynasties,* mémoire de licence présenté à l'Université catholique de Louvain en 1979, inédit].

[23] [M. Couturier, *op. cit.*, p. 875-6 «les Bédouins mangent le bouquetin»; W. DARBY, P. GHALIOUNGUI & L. GRIVETTI, *Food: The Gift of Osiris.* I, London ..., 1977, p. 224 «the inclusion of theses animals (= gazelle et veau) among the food offered in the procession supports the position that they were eaten»; B. BRENTJES, *loc. cit.*, p. 537 «la chair des antilopes est extrêmement savoureuse»; Cl. GAILLARD, *loc. cit.*, 1912, p. 10 et fig. 9 et 10 «La chair du bouquetin, très estimée, en faisait autrefois, comme de nos jours, un gibier recherché; il est donc extrêmement probable qu'il compta parmi les premiers animaux

ayant subi les essais de domestication des Egyptiens». — A mon avis cependant, les bouquetins n'étaient engraissés et mangés par les Egyptiens que de façon exceptionnelle, au contraire de ce qui s'observe au Proche-Orient (B. BRENTJES, *loc. cit.,* p. 538-9, 542). Le bas-relief du mastaba de Mererouka sur lequel on voit engraisser ces animaux (P. DUELL, *Mereruka.* II, Chicago, 1938, pl. 153) est précisément celui sur lequel on engraisse aussi des hyènes, ce qui est tout à fait exceptionnel. La plupart du temps, bouquetin, gazelles et oryx ne font que défiler, mais n'interviennent pas dans les scènes d'élevage. Cfr aussi L. KEIMER, *Interprétation de quelques passages d'Horapollon* (CASAE, 5), Le Caire, 1947, p. 16 et n. 1 «les Egyptiens ont fait des essais de domestiquer un certain nombre d'animaux sauvages, — parmi eux le Bouquetin, — mais ils les ont abandonnés de bonne heure»].

24 Le bouquetin était chassé pour une autre raison encore: on utilisait ses cornes pour fabriquer des arcs composites. Ainsi, sur la stèle de Nofir-sehou (sous Akhénaton) conservée au Louvre (A. MORET, *Revue arch.* 34, 1899, p. 231-239), l'un des registres peut être interprété, par comparaison avec la peinture thébaine, comme un atelier de fabrication d'arcs (S. Wachsmann, *Aegeans in the Theban Tombs,* OLA 20, Leuven, 1987, p. 78-92). Le personnage au centre du registre semble tenir un élément dont la partie haute pourrait être constituée par une corne d'ibex [Voir aussi G. ANDREU *et aliae, L'Egypte ancienne au Louvre,* (Paris), 1997, p. 136, Inv. C 259]. L'un des arcs royaux provenant du tombeau de Toutankhamon est d'ailleurs décoré d'une scène de chasse au bouquetin de Nubie.

25 [Ou dans un jardin zoologique privé près du Ouadi Natroun, cfr fig. 9].

26 [M. COUTURIER, *Le bouquetin des Alpes,* Grenoble, 1962, pl. LXXXVII, LXXXVIII et p. 861 «ces nodosités très saillantes sont au nombre de une ou deux par segment d'âge, ce qui permet de déterminer l'âge de l'animal (quand il y en a deux par segment d'âge, elles sont alors plus rapprochées que les autres). On ne compte jamais plus de 22 nœuds, et on peut constater parfois une asymétrie entre les deux cornes quant au nombre d'excroissances»; p. 863 «les cornes de la femelle sont courtes, minces, peu divergentes et à peine recourbées vers l'arrière; elles ne présentent pas de protubérances sur la face antérieure» (voir notre fig. 9)].

27 Inv. 11404 cfr. *Staatliches Museum zu Berlin. Ägypten und das Berliner Ägyptische Museum,* Berlin, 1954, n° 21 p. 96 (vers 500); B. LANDSTRÖM, *Ships of the Pharaohs,* London, 1970, p. 140-141, fig. 409 «Probably from the Twenty-fifth Dynasty is the bronze head of an ibex with gold inlay, preserved in East Berlin. This has probably served to decorate the stem of a divine boat, or at least a boat of some religious importance. The ibex is not known to have represented any particular god, and was probably used in religious services only as a sacrificial animal»; *Ägyptisches Museum. Staatliche Museen zu Berlin, Stiftung Preussischer Kulturbesitz,* Mainz, 1991, p. 235, n° 142 «l'objet provient peut-être d'Horbeit ou de Tell Basta, et date peut-être encore de la XIXe/XXe dynastie».

28 Cette pièce m'a été signalée par Madame Marie-Paule Vanlathem, que je remercie.

29 [Il ne s'agit pas d'un objet de la qualité de la barque de Toutankhamon; aussi était-il sans doute plus difficile pour le sculpteur de détacher de l'ensemble un élément aussi fragile que les cornes. N. Reeves, qui a rédigé les fiches d'inventaire de la collection égyptienne de Freud, estime que l'objet est un faux; je trouverais étonnant cependant qu'un faussaire ait pensé à recopier un détail aussi rare que celui des têtes de bouquetin à la proue et à la poupe du bateau; par ailleurs, le style de l'œuvre est bien celui des modèles funéraires de la Première Période Intermédiaire et du Moyen Empire. Enfin, sur le petit bronze reproduit dans ce livre à la fig. 62, le bouquetin a, exactement comme ici, les cornes rabattues sur le crâne].

30 F. DAUMAS, *Les propylées du temple d'Hathor à Philae,* dans *ZÄS* 95 (1969), p. 10 et n. 65.

[31] F. DE CENIVAL, *Le mythe de l'œil du soleil* (Demotische Studien, 9), Sommerhausen, 1988, p. 67, col. 21, 8-9, 22-23; H. JUNKER, *Der Auszug der Hathor-Tefnut aus Nubien*, Berlin, 1911, p. 46.

[32] D. VALBELLE, *Satis et Anoukis*, Wiesbaden, 1981, p. 118 et 124; B.E.J. PETERSON, *Zeichnungen aus einer Totenstadt*, Stockholm, 1973, pl. 19, p. 77 (= ostracon d'Amenemipet provenant de Deir el-Medina, aujourd'hui Stockholm O.29MM 14011).

[33] [D. VALBELLE, *op. cit.*, p. 120].

[34] [Pour B. BRUYERE, *Rapport sur les fouilles de Deir el-Medineh (1935-1940)*, fasc. 2 (FIFAO XX/2), Le Caire, 1952, p. 7, l'animal sort «des chaos granitiques d'Assouan»].

[35] Caire JE 43660 cfr J.-P. CORTEGGIANI, (Catalogue de l'exposition) *Centenaire de l'Institut français d'archéologie orientale*, Le Caire, 1981, n° 51 p. 74-5.

[36] Caire JE 26227 cfr G. MASPERO, *Les momies royales de Deir el Bahari* (MMAF, 1), Paris, 1889, pl. 21b et p. 582: «Un cercueil en forme de gazelle contient une momie de gazelle emmaillottée. C'est quelque animal favori qui aura été déposé dans le puits avec le corps de la maîtresse à laquelle il appartenait»; cité par K.A. KITCHEN, *The Third Intermediate Period in Egypt (1100-650 B.C.)*, Warminster, (1973), § 48, n. 278.

[37] B. PORTER & R. MOSS, *Topogr. Bibl.* I, 2, p. 628; H.E. WINLOCK, *Excavations at Deir el Bahari 1911-1931*, New York, 1942, p. 98 et pl. 90 = *Bull. of the MMA* 19 (1924), Part II, p. 30 fig. 35; cité par K.A. KITCHEN, *ibidem.*

[38] M. EL-AMIR, *A Family Archive from Thebes*, Cairo, 1959, p. 110 (P. Phil. XXIV § 3: ***t ḥt n gḥs.w***).

[39] G. DARESSY, *La gazelle d'Anoukit*, dans *ASAE* 18 (1919), p. 77 (il est question de milliers de tombes de gazelles); D. VALBELLE, *op. cit.*, § 29 p. 107; Cl. GAILLARD et G. DARESSY, *La faune momifiée de l'antique Egypte* (Cat. gén. du Musée du Caire), Le Caire, 1905, n°s 29511, 29513-15, 29528 (provenance: Kôm-Méreh = Komir), 29512 (provenance: Kom Ombo); Dr LORTET et Cl. GAILLARD, *La faune momifiée de l'ancienne Egypte.* I, Lyon, 1905, p. 78-86 (Kom Mereh, Kom Ombo, Touna).

[40] H. BEHRENS, *Neolithisch-frühmetallzeitliche Tierskelettfunde aus dem Nilgebiet und ihre religionsgeschichtliche Bedeutung*, dans *ZÄS* 88 (1963), p. 76.

[41] *Loc. cit.*, p. 80. — On connaît des cas où le mort était enveloppé dans une peau d'antilope. Ceci annonce la coutume funéraire mentionnée plus tard pour les bédouins d'Asie dans l'histoire de Sinouhé, à qui on dit: «[toi] on ne te mettra pas dans une peau de mouton» (G. LEFEBVRE, *Romans et contes*, Paris, 1949, p. 17). On peut citer encore la nébride-*out*, faite du cuir d'une antilope, qui est une enveloppe sacrée pour les humeurs divines (J.-Cl. GOYON, *Momification et recomposition du Corps Divin: Anubis et les canopes,* dans *Funerary Symbols and Religion. Essays dedicated to Prof. M.S.H.G. Heerma van Voss*, Kampen, 1988, p. 37 et p. 42 n. 29). N'y a-t-il pas un rapport avec l'offrande de la peau d'antilope et le sacrifice de l'oryx, dont il sera question plus loin? Mais ces hypothèses nous éloignent peut-être trop de notre sujet.

[42] Ahmad EL-SAWI, *Excavations at Tell Basta. Report of Seasons 1967-1971 and Catalogue of Finds*, Prague, 1979, p. 76 et n°s 171-172.

[43] A. GARDINER, *The goddess Nekhbet at the Jubilee Festival of Ramesses III*, dans *ZÄS* 48 (1911), p. 47-51 (il s'agit d'une scène de la tombe de Setaou, grand-prêtre de Nekhbet, à Elkab).

[44] Parfois on reconnaît une tête de bovidé à côté de la tête d'antilope. S'agit-il d'animaux immolés, dont on attachait la tête à un navire comme une sorte de trophée?

[45] B. LANDSTRÖM, *Ships of the Pharaohs*, London, 1970, p. 16-17; H.A. WINCKLER, *Rock Drawings of Southern Upper Egypt (including Uwenat).* I (ASE - Mem. 12), London, 1938, pl. XIII, n° 34 (M 406a); F. EL-YAKHY, *Clarifications on the Gerzean Boat Scenes,* dans *BIFAO* 85 (1985), pl. 34 n°s 20-22 =

A.E.J. HOLWERDA, P.A.A. BOESER, J.H. HOLWERDA, *Beschrijving van de egyptische verzameling in het Rijksmuseum van Oudheden te Leiden,* Leiden, 1905, pl. I, fig. 18 (Inv. F 1901/9 - 89), pl. II, fig. 3 (Inv. F 1901/9 - 91) et p. 8 (= représentations sur des vases).

46 H. ASSELBERGHS, *Chaos en beheersing*, Leiden, 1961, n° 55 pl. XXXVIII (dernier registre en bas); B. LANDSTRÖM, *op. cit.*, n° 18 p. 14; G. BENEDITE, *Le couteau de Gebel el-Arak,* dans *Mon. Piot* XII (1916), fig. 9 p. 19; U. SIEVERSTSEN, *Das Messer von Gebel el-Arak*, dans *Baghdader Mitteilungen* 23 (1992), p. 17, 43 et pl. 2b.

47 [Autre exemple: sur le pyramidion d'Ipouy provenant de Deir el-Medina, cfr B. BRUYERE, *Rapport sur les fouilles de Deir el-Medineh (1923-1924)* (FIFAO II, 2), Le Caire, 1925, pl. VII].

48 [Par exemple sur la stèle de Neferrenpet provenant de Deir el-Medina et conservée à Turin (E. DELANGE, *Le Scribe Nebmeroutef*, Paris, 1996, fig. 33 p. 36)].

49 G. JEQUIER, *Matériaux pour servir à l'établissement d'un dictionnaire d'archéologie égyptienne,* dans *BIFAO* XIX (1922), p. 165-6.

50 A. ERMAN & H. GRAPOW, *Wörterbuch der äg. Sprache.* I, 173. Voir aussi L. KEIMER, *Interprétation de plusieurs passages d'Horapollon* (CASAE 5), Le Caire, 1947, p. 11 et n. 2.
[Pour plus de précisions encore, voir *Fouilles de Kition.* II. *Objets égyptiens et égyptisants,* Nicosia, 1976, p. 238].

51 [L. KEIMER, *op. cit.*, p. 2-3; les pages suivantes donnent des exemples antérieurs à l'époque ptolémaïque, où l'image de la plante est remplacée par l'hiéroglyphe du bouquetin].

52 [Autres exemples: H. BRUNNER, *Die südliche Räume des Tempels von Luxor* (Arch. Ver., 18), Mainz, 1977, pl. 74, 196; A. CALVERLEY, *Abydos* IV, London, 1958, pl. 7; *The Tomb of Kheruef. Theban Tomb 192* (Oriental Institute Publications, 102), Chicago, 1980, pl. 26].

53 [Comme les cornes de bouquetin qui ont chaque année une (ou deux) excroissance(s) en plus].

54 F. DAUMAS, *Valeurs phonétiques des signes hiéroglyphiques d'époque gréco-romaine.* I, Montpellier, 1988, p. 219 n° 157 [il s'agit d'une vache à cornes liriformes, mais qui peut avoir été confondue par exemple avec le signe n° 263].

55 L. KEIMER, *op. cit.*, p. 3.

56 Caire JE 62122 = C(arter) 584 = T 545, cfr PORTER & MOSS, *Topographical Bibliography...* I, 2, Oxford, 1964, p. 580; Chr. DESROCHES NOBLECOURT, *Toutankhamon. Vie et mort d'un pharaon,* (Paris), 1963, p. 303 (haut. 27,5 cm, larg. 18,5 cm, long. 38,5 cm); I.E.S. EDWARDS, *Toutankhamon. Sa tombe et ses trésors,* Paris, (1978), p. 219.

57 La fig. 22 est publiée dans J. VANDIER D'ABBADIE, *Catalogue des objets de toilette du musée du Louvre*, Paris, 1972, n° OT 598; *Encyclopédie photographique de l'art. Musée du Louvre*, Ed. Tel, p. 70a; (Catalogue de l'exposition) *Amenophis III. Le Pharaon-Soleil*, Paris, 1993, n° 86 p. 318 et n. 1 (l'auteur de la notice cite plusieurs parallèles).

58 [Aux figures reproduites ici, on peut ajouter quantité d'autres exemples: Hanovre 1935.200.147 (I. WOLDERING, *Ausgewählte Werke der ägyptischen Sammlung*, Hannover, 1955, fig. n° 41); Toledo 1953.152 (Cat. de l'exposition *Amenophis III. Le Pharaon-Soleil*, Paris, 1993, n° 72 p. 301); Boston 24.879 (Catalogue de l'exposition *Africa in Antiquity*. I, Brooklyn, 1978, p. 83); J. VANDIER D'ABBADIE, *Musée du Louvre. Catalogue des objets de toilette égyptiens*, Paris, 1972, n^{os} OT 65 à 69, 71, p. 29-31, n°s 120, 121, p. 45; G. STEINDORFF, *Die Kunst der Aegypter*, Leipzig, 1928, pl. 285a (Eton College, Grande-Bretagne). Voir la longue bibliographie sur ce type particulier d'objet donnée par J. LECLANT, *A propos d'une terre cuite de Bès à l'oryx*, dans *Hommages à Lucien Lerat. Annales Littéraires de l'Université de Besançon*, 294 (1984), p. 413].

[59] [Outre ce qui vient d'être dit, on retrouve sur cette coupe tous les autres thèmes obsessionels de l'«iconographie de la renaissance»: la tête de canard à l'extrémité du manche de l'instrument de musique, le «cône» d'onguent sur la tête de la jeune femme, la vigne, les papyrus et les lotus].

[60] **A**) Coupe provenant de la tombe de Maherpra, dans la Vallée des Rois: E.-C. STRAUSS, *Die Nunschale - Eine Gefässgruppe des Neuen Reiches* (MÄS 30), München, 1974, p. 22 fig. 20; G. DARESSY, *Fouilles de la Vallée des Rois* (Cat. gén. du Musée du Caire, n°s 24001-24990), Le Caire, 1902, pl. VI n° 24058; W. KRÖNIG, *Ägyptische Fayence-Schalen des Neuen Reiches*, dans *MDAIK* 5 (1934), p. 164, Abb. 30; G. STEINDORFF, *Die Kunst der Aegypter*, Leipzig, 1928, Abb. 275; **B**) coupe provenant de Gourob et montrant une gazelle allaitant: W.F.P. PETRIE, *Illahun, Kahun and Gurob*, London, 1891, pl. XX n° 5; O. KEEL, *Das Böcklein in der Milch seiner Mutter und Verwandtes* (Orbis Biblicus Orientalis, 33), Freiburg-Göttingen, 1980, fig. 50 p. 87); **C**) Berlin 16774 (coupe avec plusieurs gazelles, cfr F. MATZ, *Frühgriechische Siegel*, Berlin, 1928, p. 44-5, fig. 11).
Sur le thème, très courant dans l'art égyptien, de l'animal qui nourrit son petit, voir O. KEEL, *op. cit.*.

[61] [En-dehors des vases plastiques en forme de bouquetin étudiés ci-dessous par J. Q., il existe des vases dont les anses seules ont la forme de têtes de bouquetin (cfr Postface, fig. 71-72 et p. 148) et d'innombrables vases simplement décorés de bouquetins peints ou en relief. A ces vases en terre cuite il faut ajouter encore les vases en métal précieux qui figurent parmi les tributs de Syrie et qui sont ornés de protomes de bouquetins en forte saillie (J. LECLANT, *loc. cit.*, p. 410 et n. 16, 17)].

[62] Par exemple Brit. Mus. GRA 50.2-27.58 (*Fouilles de Kition.* II. *Objets égyptiens et égyptisants*, Nicosia, 1976, pl. XXXI, n° 4-5). Le vase vient de Vulci en Etrurie.
[On peut ajouter à l'exemple cité par J. Q. un vase *apparenté* aux bouteilles de Nouvel An (parce qu'il comporte quatre têtes de bouquetin, alors qu'on ne trouve normalement que deux animaux de part et d'autre du goulot): L. KEIMER, *Interprétation de plusieurs passages d'Horapollon* (CASAE, 5), Le Caire, 1947, p. 10 fig. 7; ou cet autre vase dit de Nouvel An: Berlin 14500, cfr *Ägyptisches Museum. Staatliche Museen zu Berlin, Stiftung Preussischer Kulturbesitz,* Mainz, 1991, n° 108 p. 180].

[63] ÄS 2729, cfr *Staatliche Sammlung Ägyptischer Kunst*, 2. erweiterte Auflage, München, 1976, p. 108 avec fig.; (Catal. de l'exp.) *Meisterwerke altägyptischer Keramik. 5000 Jahre Kunst und Kunsthandwerk aus Ton und Fayence,* Höhr-Grenzhausen, Rastal-Haus, 16 sept.-30 Nov. 1978, Montabaur, 1978, n° 274 p. 171 et pl. VII; *Staatliche Sammlung Ägyptischer Kunst München*, Mainz, 1995, fig. 110, p. 99 (provenance inconnue). La pâte est rouge et fine.

[64] *Un siècle de fouilles françaises en Egypte 1880-1980* (Exposition, Paris, Palais de Tokyo, 21 mai - 15 octobre 1981), Le Caire - Paris, 1981, p. 226-227 n° 255; H. GAUTHIER, *BIFAO* VI (1908), p. 144-5, pl. III «il s'agit d'une terre cuite extrêmement fine recouverte d'un vernis brillant». — Un autre vase en forme de bouquetin (celui-ci a les pattes ligotées) est conservé à Bruxelles (E 6729) cfr M. WERBROUCK, *Département égyptien. Album*, (Bruxelles), 1934, pl. 81.
[Voir aussi L. KEIMER, *op. cit.*, p. 14 n. 4 et 5].

[65] *Un siècle de fouilles françaises en Egypte 1880-1980* (Exposition, Paris, Palais de Tokyo, 21 mai - 15 octobre 1981), Le Caire - Paris, 1981, p. 227 «la présence des deux faons et l'aspect lustré de la surface nous incitent à rapprocher cet objet d'une série de vases anthropomorphes représentant une femme et son enfant. Ces derniers étaient utilisés comme récipients à lait».

[66] Je préfère le nom Amenhotep à la forme fautive Aménophis, cfr J. QUAEGEBEUR, *Amenophis, nom royal et nom divin. Questions méthodologiques*, dans *RdE* 37, 1986, p. 97-106 (et spécialement p. 106).

67 [A cet endroit figurait seulement le nom de J. LECLANT; dans les articles de ce dernier qui ont trait à l'allaitement, l'auteur n'exprime pas explicitement l'idée émise par J. Q., mais le lait ayant des propriétés tonifiantes et l'allaitement permettant divers «passages» comme le souligne Leclant, il devait permettre aussi de franchir le «passage» d'une année à l'autre qu'est le Nouvel An (*Le rôle du lait et de l'allaitement d'après les Textes des Pyramides*, dans *JNES* X (1951), p. 123-7; *Le rôle de l'allaitement dans le cérémonial pharaonique du couronnement*, dans *Akten des XXIV. Intern. Oriental. Kongresses, München, 1957*, Wiesbaden, 1959, p. 69-71; *The Suckling of the Pharaoh as a Part of the Coronation Rites*, dans *Abstracts of the IXth Intern. Congress for the History of Religions, Tokyo, 1958*, p. 224-5; *Le rôle de l'allaitement dans le cérémonial pharaonique du couronnement*, dans *Proceedings of the IXth International Congress for the History of Religions, Tokyo and Kyoto 1958*, Tokyo, 1960, p. 135-145)].

68 *L'Empire des Conquérants. L'Egypte au Nouvel Empire (1560-1070)* (L'Univers des Formes) (Paris, 1979), p. 245 fig. 248.
[Autres exemples: Moscou, Musée Pouchkine 3632, cfr E. BRUNNER-TRAUT, *Die alten Ägypter*, Stuttgart ..., (1974), p. 66; BM EA 24652 et 54694 cfr G. ROBINS, *Reflections of Women in the New Kingdom.: Ancient Egyptian Art from the British Museum* (Exhibition, M.C. Carlos Museum, Emory University, Febr. 4 - May 4, 1995), San Antonio, 1995, nos 39, 40 p. 74-76 et *Fouilles de Kition*. II. *Objets égyptiens et égyptisants*, Nicosia, 1976, pl. XXXII n° 3; Berlin 14476 cfr S. WENIG, *Die Frau im alten Ägypten*, Leipzig, (1967), n° 47 (ill.); Louvre AF 1660 et E 11276 cfr Chr. DESROCHES-NOBLECOURT, *Pots anthropomorphes et recettes magico-médicales dans l'Egypte ancienne*, dans *RdE* 9 (1952), p. 49-67 et spécialement p. 62 pour l'usage de ce type de récipient (l'auteur cite d'autres exemples encore)].

69 BM EA 58793, Nouvel Empire, cfr G. ROBINS, *op. cit.*, n° 41 p. 77.

70 Par exemple Caire JE 63753 cfr (J.-P. CORTEGGIANI), *Centenaire de l'Institut Français d'Archéologie Orientale* (Exposition, Musée du Caire, 8 janvier - 8 février 1981), Le Caire, 1981, p. 38 et 40, et B. BRUYERE, *Rapport sur les fouilles de Deir el-Medineh 1934-1935*. 2e partie. *La nécropole de l'est* (FIFAO, XV), Le Caire, 1937, p. 81, 84-6, 184, fig. 40, 42, 103; p. 184-7, fig. 103; Louvre E 14468bis et N 1485 cfr J. VANDIER D'ABBADIE, *op. cit.*, nos OT 580 et 581, p. 134-5.
[Voir aussi Brooklyn 49.53 cfr (Catalogue de l'exposition) *Egypt's Golden Age: The Art of Living in the New Kingdom*, Boston, Museum of Fine Arts, Febr. 3 - May 2, 1982, n° 402 p. 292; Ch. DESROCHES NOBLECOURT, *loc. cit.*, p. 63 n. 2 et 3 (autres exemples); E. BRUNNER-TRAUT, *Horn als Gefäss*, dans *LÄ* III, Wiesbaden, 1980, col. 8-9. — Pour B. BRUYERE, *op. cit.*, p. 84-6, ces cornes contenaient des collyres; G. BENEDITE les considérait commes des «burettes à huile» (*La corne récipient dans l'ancienne Egypte*, dans *Revue d'Ethnographie*, 1ère année, t. II, 1920, p. 86); Ch. DESROCHES NOBLECOURT, *Pots anthropomorphes et recettes magico-médicales dans l'Egypte ancienne*, dans *RdE* 9 (1952), p. 66-7, estime que les cornes, qui pouvaient être utilisées comme compte-gouttes, devaient servir à des injections vaginales et être en rapport avec un traitement gynécologique (Bénédite signale d'ailleurs que dans la majorité des cas, les cornes ont été trouvées dans des tombes de femme). E. BRUNNER-TRAUT, *Gravidenflasche. Das Salben des Mutterleibes*, dans A. & E. KUSCKE (édit.), *Archäologie und Altes Testament. Festschrift für Kurt Galling*, Tübingen, 1970, p. 43-46 fait le bilan de toutes les interprétations qui ont été données de ces cornes jusqu'alors et conclut qu'il devait s'agir de récipients contenant de l'huile de moringa (appelée aujourd'hui huile de ben) et que celle-ci était destinée à soigner les vergetures des femmes enceintes. A propos d'huile de moringa, voir R. GERMER, *Öle*, dans *LÄ* IV, 1982, col. 552; EADEM, *Moringaölbaum*, *loc. cit.*, col. 206-7].

71 [E. BRUNNER-TRAUT, *loc. cit.*, p. 45].

72 Caire JE 34403, provient d'Abydos, XVIIIe dynastie, cfr *La femme au temps des pharaons* (Exposition, Bruxelles, Musées royaux d'art et d'histoire, 30/11/1985 - 28/2/1986), (Le Caire-Mayence), 1985, n° 7 p. 25.

73 [Par exemple Berlin 24018 (S. Wenig, *Die Frau im alten Ägypten,* Leipzig, 1967, n° 47); Tübingen 967 (E. BRUNNER-TRAUT & H. BRUNNER, *Die ägyptische Sammlung der Universität Tübingen*, Mainz, 1981, p. 126 et pl. 96); Boston 02.525 (Cat. de l'exp.) *Egypt's Golden Age*, Boston, 1982, n° 404 p. 293: on notera que la femme enceinte est coiffée ici d'une perruque hathorique); Brooklyn L 60.7 (*Fouilles de Kition.* II. *Objets égyptiens et égyptisants*, Nicosia, 1976, pl. XXXII n° 4-5: la femme enceinte tient en mains une corne à huile, cfr ci-dessus); Chicago Or. Inst. 11313, cfr (Catal. de l'exp.) *Mistress of the House, Mistress of Heaven,* Cincinnati Art Museum, 20 Oct. 1996 - 5 Jan. 1997, 1997, p. 63. Pour un inventaire de ces vases, voir E. BRUNNER-TRAUT, *Gravidenflasche. Das Salben des Mutterleibes*, dans A. et E. KUSCHKE (éd.), *Archäologie und Altes Testament. Festschrift für Kurt Galling*, Tübingen, 1970, p. 36-39].

J. Q. On pourrait ajouter dans ce contexte les deux splendides vases en albâtre représentant une guenon étreignant son petit, que Michel Valloggia a découverts dans le mastaba V de Balat, il y a une dizaine d'années (M. VALLOGGIA, *Deux objets thériomorphes découverts dans le mastaba V de Balat*, dans *Livre du Centenaire de l'IFAO*, Le Caire, 1980, p. 143-151). — Le temps me manque pour m'étendre sur le symbolisme du singe [Voir M. VALLOGGIA, *BIFAO* 93, 1993, p. 401 sv.].

74 [L'idée avait déjà été exprimée par L. KEIMER, *op. cit.,* p. 14 «Doit-on prendre la fameuse barque en albâtre pour un cadeau offert au roi à l'occasion des fêtes du Nouvel An comme la série des différents objets représentés dans la tombe de Kenamon? J'avoue que cette interprétation me paraît être possible et même probable»].

75 Chr. DESROCHES NOBLECOURT, *Le vase de mariage du roi Niqmad d'Ugarit avec une princesse égyptienne,* dans Cl. SCHAEFFER, *Ugaritica* III, Paris, 1956, p. 180-220 + fig. 118 p. 165; EADEM, *Toutankhamon. Vie et mort d'un pharaon*, Paris, 1963, p. 279 (fig. 181) précise que l'objet se trouve aujourd'hui au musée de Damas.

76 Des documents égyptiens d'époque amarnienne montrent précisément une reine versant un liquide à son époux (ou l'inverse): Chr. DESROCHES-NOBLECOURT, *op. cit.,* p. 205 fig. 126 (dans la tombe 2 d'el-Amarna, Néfertiti verse une boisson à Akhénaton à travers un filtre), p. 147 fig. 85 (une reine coiffée du *khepresh* verse à boire à un roi, sur un relief ébauché conservé à Berlin), pl. IXa (naos plaqué d'or de Toutankhamon: le roi verse un liquide à son épouse Ankhesenamon).

77 Celle-ci tient en mains deux emblèmes hathoriques: le sistre et le collier *menat.*

78 Il fut découvert dans la tombe dite des trois princesses située dans une petite vallée de la nécropole thébaine, le Ouadi Gabbanet el Qouroud (B. PORTER & R. MOSS, *Topographical Bibliography* I, 2, Oxford, 1964, p. 591-592). Voir W. HAYES, *The Scepter of Egypt.* Part II, Cambridge, 1959, p. 130-133, et H.E. WINLOCK, *The Treasure of three Egyptian Princesses* (The MMA Department of Egyptian Art, 10), New York, 1948, p. 16-17 et pl. VI, VII.

79 MMA 68.136.1c cfr C. VANDERSLEYEN et al., *Das alte Ägypten* (Propyläen Kunstgeschichte, 15), Berlin, 1975, fig. 395a, p. 390 (viendrait de Silhija, près de Tanis?); P.F. HOULIHAN, *The Animal World of the Pharaohs*, Cairo, 1996, fig. 47 p. 64.

[Aux trois exemples cités par J. Q., on peut ajouter ceux-ci: A. YOUSSEF, dans *ASAE* 48 (1948), pl. V droite (= tombe de Païry TT 139; la photo est peu lisible, mais B. PORTER & R. MOSS, *Topogr. Bibl.* I, Oxford, 1960, p. 253 (I) décrivent la jeune femme «as royal concubine»); deux filles de Ramsès II, Merytamon et Bentanta, sur la paroi d'un temple (aujourd'hui détruit) de Ramsès II à Elkab (A. WILKINSON, *Ancient Egyptian Jewellery,* London, (1971) p. 117 fig. 51, cfr B. PORTER & R. MOSS, *op. cit.*

V, Oxford, 1937, p. 175). — Il est intéressant de constater que le fauteuil de Satamon, le vase d'Ougarit, les tombes de Menna et de Païry sont autant de monuments contemporains d'Amenhotep III ou proches de ce règne (Je ne suis pas convaincue que la reine Ahmès Nefertari, dans la tombe de Tétiky n° 15, ait une tête de gazelle sur le front comme le pense L. TROY, *Patterns of Queenship*, Uppsala, 1986, p. 129). Par ailleurs, la princesse Satamon, les filles de Menna et de Ramsès II ont toutes en mains le sistre et le collier *menat* (et parfois des titres) qui les relient à Hathor (B. RADOMSKA, *Gedanken zum Lehnstuhl der Königstochter Sat-Amun, CG 51113*, dans *Religion und Philosophie im Alten Ägypten. Festgabe für Ph. Derchain* (OLA, 39), Leuven, 1991, p. 269-271].

80 C. ALDRED, *Jewels of the Pharaohs*, London, 1971, p. 204, cité par L. TROY, *op. cit.*, p. 129 et E. FEUCHT dans C. VANDERSLEYEN et alii, *Das alte Ägypten*, Berlin, 1975, p. 390.

81 A.M. DONADONI ROVERI (sous la direction de). *Civilisation des Egyptiens. Les croyances religieuses*, Torino, (1988), p.169 fig. 231 (=CGT 50066).

82 W.K. SIMPSON, *Reschef*, dans *LÄ* V, Wiesbaden, 1984, col. 245.

83 E. BRUNNER-TRAUT, *Gazelle*, dans *LÄ* II, Wiesbaden, 1977, col. 426-427, n. 16; L. TROY, *Patterns of Queenship*, Uppsala, 1986, p. 130.

84 S. HODJASH et O. BERLEV, *The Egyptian Reliefs and Stelae in the Pushkin Museum of Fine Arts, Moscow*, Leningrad, 1982, cat. 182.

85 [Le même thème se retrouve sur une amulette en or du musée d'Hildesheim (Inv. 5922, XVIIIe/XIXe dynastie), cfr *Pelizaeus-Museum Hildesheim. Die ägyptische Sammlung* (Zaberns Bildbände zur Archäologie, 12), Mainz, 1993, p. 68 fig. 62].

86 Caire JE 72024, provient de Deir el-Medina, cfr B. BRUYERE, *Rapport 1935-1940*, fasc. 2. *Trouvailles d'objets* (FIFAO, XX), Le Caire, 1952, p. 42, 72-3 (n° 118), pl. XXXIX; J.-P. CORTEGGIANI, *Centenaire de l'Institut Français d'Archéologie Orientale* (Exposition, Musée du Caire, 8 janvier - 8 février 1981), Le Caire, 1981, p. 64 n° 45.

87 Chr. KEPINSKI, *L'arbre stylisé en Asie occidentale au 2e millénaire avant J.-C.* (Recherche sur les civilisations. Cahier, 7), Paris, 1982 (l'auteur cite certains documents égyptiens); E. HERMSEN, *Lebensbaumsymbolik im alten Ägypten*, Köln, 1981.

[Voir aussi H. DANTHINE, *Le palmier-dattier et les arbres sacrés dans l'iconographie de l'Asie occidentale ancienne* (Bibliothèque archéologique et historique, XXV), 2 vol., Paris, 1937; J. LEIBOVITCH, *La statuette en ivoire de Helmiyeh*, dans *ASAE* XLVIII (1948), p. 245-258 et en particulier fig. 1 p. 246].

88 Parmi les documents réunis par J. Quaegebeur, figurait aussi à cet endroit un pendentif en or provenant de Ras Shamra, représentant une déesse nue coiffée d'une perruque hathorique, un animal à cornes dans chaque main, et dressée sur un lion (Louvre AO 14714): les caprinés sont ici clairement associés à Hathor, comme J. Q. le pressentait au début de son exposé.

[Hathor et le bouquetin sont également juxtaposés sur un fragment de vase décoré de reliefs au musée du Caire: CG 3608 a-b].

89 A. BADAWY, *L'art copte. Les influences égyptiennes*, Le Caire, 1949, p. 41-42.

90 Cfr M. MALAISE, *La perception du monde animal*, dans *Anthropozoologica* 7 (1987), p. 36 «Les habitants du désert, comme les gazelles, conditionnées pour vivre dans ce milieu hostile et mettre en échec la mort, deviendront à leur tour symboles de renaissance et garniront coupes et cuillers à fard offertes aux défunts».

91 [J. LEIBOVITCH, *Quelques éléments de la décoration égyptienne sous le Nouvel Empire. Le griffon*, dans *BIE* XXV (1943), p. 197].

[92] Le thème de l'oryx maîtrisé par Horus a été mis en rapport — sans qu'on ait vraiment étudié la question — avec celui du «sacrifice de l'oryx» connu depuis le Nouvel Empire jusqu'à l'époque romaine et étudié par Ph. Derchain [*Le sacrifice de l'oryx* (Rites égyptiens, 1), Bruxelles, 1962]. Dans les textes qui en parlent, l'animal est traité de séthien, il incarne l'ennemi de «l'œil de Ré», mais on apprend aussi que l'antilope procure le cuir et son image n'est donc pas tout à fait négative. Je ne veux pas développer ici les questions qui se posent à propos de l'assimilation de l'oryx à Seth (dieu du chaos et des forces négatives), assimilation étendue par la suite aux autres animaux du désert et offerts aux dieux. Je me limiterai à citer cette phrase de Derchain: «la malédiction attachée à l'antilope est une invention postérieure au Nouvel Empire» (*op. cit.*, p. 15). Notons que l'ambiguité de sens qui existe à propos de l'oryx — puisque l'animal offert est en même temps l'incarnation des forces néfastes et une promesse de renouvellement de la vie (au point que le sacrifice de l'oryx commande le retour de l'astre du jour) —, cette ambiguité se retrouve pour d'autres animaux, par exemple l'hippopotame, emblème de la déesse Thouéris.

[93] Voir aussi Leiden A 1054, cfr W.D. VAN WIJNGAARDEN en B.H. STRICKER, *Magische Stèles*, dans *OMRO* N.S. XXII (1941), pl. I en face de la p. 1 (les auteurs citent de nombreuses autres stèles semblables aux p. 6-38, + bibliographie p. 36).
[Voir aussi O. LOLLIO BARBERI, G. PAROLA et M.P. TOTI, *Le Antichità Egiziane di Roma Imperiale,* (Roma, 1995), n° 26 p. 167 (musée du Capitole Inv. 2160); bibiographie (p. 114-116) de l'article de R.K. RITNER, *Horus on the Crocodiles. ...* dans *Religion and Philosophy in Ancient Egypt* (Yale Egyptological Studies, 3), New Haven, 1989, p. 103-116; V. TRAN TAM TINH, dans *Lexicon iconographicum mythologiae classicae.* III, 2, Zürich - München, 1986, p. 82 n° 56b (Brooklyn 60.73) et III, 1, p. 103].

[94] Horus et Bès sont associés à partir de la Basse Epoque (M. MALAISE, *Bès et Béset: métamorphoses d'un démon et naissance d'une démone dans l'Egypte ancienne*, dans *Anges et démons* (Homo religiosus, 14), Louvain-la-Neuve, 1989, p. 54).

[95] [Il est frappant de voir que sur une autre frise du même édifice, l'image du dieu Bès apparaît en alternance, non plus avec des têtes de gazelle, mais avec l'effigie d'Hathor (F. DAUMAS, *Les mammisis de Dendara*, Le Caire, 1959, pl. LXV-LXVIII), ce qui semble confirmer l'équivalence de sens, entrevue au début de cet exposé, entre la gazelle (ou le bouquetin) et la déesse Hathor (ci-dessus, p. 20-22 et n. 88)].

[96] [Sur Bès chasseur, voir J. LECLANT, *A propos d'une terre cuite de Bès à l'oryx*, dans *Hommages à Lucien Lerat. Annales Littéraires de l'Université de Besançon,* 294 (1984), p. 409-11, 413].

[97] [Je remercie Sylvie Cauville d'avoir identifié la localisation actuelle de ce document].

[98] IIe mill. av. J.C. (R. DU MESNIL DU BUISSON, *Etudes sur les dieux phéniciens hérités par l'empire romain* (EPRO 14), Leiden, 1970, p. 89-90 et fig. 23).

[99] Voir aussi E. GUBEL, *Phoenician Lioness Heads from Nimrud: Origin and Function,* dans Studia Phoenicia III, Leuven, 1985, fig. 9 et p. 195 (il s'agit d'un ivoire de Nimrud représentant Astarté sur une divinité égyptienne à tête de lion (Sekhmet), flanquée de deux caprinés).

[100] [Ce détail rappelle le papyrus satirique de Londres (Brit. Mus., époque ramesside), où l'on voit un lion jouer au jeu de *senet* avec une gazelle, puis la pénétrer (R. LEPSIUS, *Auswahl der wichtigsten Urkunden des aegyptischen Alterthums*, Leipzig, 1842, pl. XXIII; J.A. OMLIN, *Der Papyrus 55001 und seine satirisch-erotischen Zeichnungen und Inschriften,* Torino, 1973, pl. XX.a)].

[101] M. MALAISE, *loc. cit.*, p. 55.

[102] [Ces objets sont des enseignes qui étaient fichées sur des hampes].

[103] CG 38730, cfr G. DARESSY, *Statues de divinités* (CCG 38001-39384), Le Caire, 1905, pl. XL et p. 188.

[104] *Fouilles de Kition.* II. *Objets égyptiens et égyptisants,* Nicosia, 1976, n° 19 p. 241 (= Louvre E 3090). [Parallèles: *op. cit.*, pl. XXXII, 11-12 (= BM EA 26267) et n° 21 p. 241 (BM EA 23375); J. BULTE, *Talismans égyptiens d'heureuse maternité,* Paris, 1991, pl. 1a-b (Caire JE 39419), 3a-b (Caire JE 67070), 9a-b (Brooklyn 37.309E), 14d (Louvre MNB 98)].

[105] [Parallèle: *Fouilles de Kition* II, n° 20 p. 241 (BM EA 11820). — Remarque: sur la figurine Caire JE 41224, l'animal à cornes derrière la coiffure à plumes du dieu Bès est remplacé par ce qui semble être une chatte pleine, autre forme de promesse de renaissance (au recto, Bès n'allaite pas un enfant, mais présente devant lui le jeune Bès qui se tient déjà debout)].

[106] Voir dernièrement M. MALAISE, *Bès et Béset ...,* dans *Anges et démons* (Homo religiosus, 14), Louvain-la-Neuve, 1989, p. 59-60.

[107] [Parallèles: P. PERDRIZET, *Les terres cuites grecques d'Egypte de la collection Fouquet,* Nancy ..., 1921, pl. XLIII en bas à droite et pl. XLIV au milieu; Caire CG 38728; Louvre N 4244, cfr P. BALLET, *Potiers et fabricants de figurines dans l'Egypte ancienne*, dans *Cahiers de la céramique égyptienne* 4 (1996), pl. III, 8 = F. DUNAND, *Catalogue des terres cuites gréco-romaines d'Egypte* [Musée du Louvre], (Paris, 1990), n° 65 p. 49 = V. TRAN TAM TINH, dans *Lexicon iconographicum mythologiae classicae.* III, 2, p. 91 n° 14b (le visage a quelque chose de grotesque, mais la chevelure est une vraie chevelure de femme, toute en boucles); IDEM, *ibidem,* III, 1, p. 113, *sub verbo* «Besit allaitant Bès»].

[108] M. MALAISE, *loc. cit.*, p. 61-62.

[109] Louvre E 11138 (V. TRAN TAM TINH, dans *Lexicon iconographicum mythologiae classicae.* III, 2, Zürich-München, 1986, p. 78 n° 31b); voir aussi Allard Pierson Museum Inv. 7947, cfr W.M. van HAARLEM, *Allard Pierson Museum Amsterdam.* III. *Stelae and Reliefs* (Corpus Antiquitatum Aegyptiacarum), Amsterdam, 1995, p. 34-35.

[On peut joindre les parallèles suivants: Louvre E 2399, cfr F. DUNAND, *Catalogue des terres cuites gréco-romaines d'Egypte,* (Paris, 1990), n° 59 p. 47 (dans ce dernier cas, Béset n'a pas le masque léonin, mais un visage de femme); V. TRAN TAM TINH, dans *Lexicon iconographicum mythologiae classicae.* III, 1, Zürich-München, 1986, p. 103 *sub verbo* «Bès dansant» et p. 112 *sub verbo* «Besit dansant». Bès est également représenté en train de danser sur les accoudoirs de deux des fauteuils de Satamon, Caire CG 51112 et 51113].

[110] J.E. QUIBELL, *Excavations at Saqqara (1905-1906)*, Le Caire, 1907, pl. XXVII-XXVIII.

[111] [Sur la barque d'albâtre, la naine est nue également, et elle porte aux poignets et au biceps des bracelets censés accentuer son pouvoir de séduction].

[112] Inv. F 1984/11.3, cfr M.J. RAVEN, *A Puzzling Pataikos*, dans *OMRO* 67 (1987), p. 7-19.

[113] Louvre MNB 98 cfr *Fouilles de Kition.* II. *Objets égyptiens et égyptisants,* Nicosia, 1976, p. 241, n° 22; *Religio phoenicia. Acta Colloquii Namurcensis ... 1984* (Studia Phoenicia, IV), Namur, 1986, fig. 5a p. 134; V. TRAN TAM TINH, dans *Lexicon iconographicum mythologiae classicae.* III, 2, Zürich-München, 1986, p. 86, en bas et au milieu.

[114] Tübingen Inv. 1352, cfr E. BRUNNER-TRAUT und H. BRUNNER, *Die Ägyptische Sammlung der Universität Tübingen*, Mainz, 1981, pl. 160 et p. 305-6 «Der sehr seltene Figurentyp gehört zu 'Bes als Herr der wilden Tiere'. Zweifellos triumphiert er als Schutzdämon über dem im Steinbock verkörperten Bösen, das er in die Knie gezwungen hat, wie ähnlich Harpokrates siegreich auf den Krokodilen steht»;

Strasbourg, Institut d'Egyptologie Inv. 1659, cfr J. PARLEBAS, *Antiquités égyptiennes* (Exposition, Strasbourg, Ancienne Douane, 12 juillet - 15 octobre 1973), (Impr. à Strasbourg), 1973, fig. 58 p. 42 (cat. 173). — Bès est encore associé au bouquetin sur l'un des fauteuils de la princesse Satamon, CG 51111: Bès est figuré sur le dossier, tandis que sur chaque accoudoir est représenté un bouquetin qui s'affaisse (E.J. QUIBELL, *The Tomb of Yuaa and Thuiu,* Le Caire, 1908, pl. XXXII).
[Voir aussi V. TRAN TAM TINH, dans *Lexicon iconographicum mythologiae classicae* III, 1, p. 110 *sub verbo* «Bès maître des animaux sauvages»].

115 Bruxelles, Musées royaux d'art et d'histoire E 6755, cfr M. WERBROUCK, *Les multiples formes du dieu Bès,* dans *Bulletin des Musées royaux d'art et d'histoire,* 11e année (1939), fig. 5 et p. 78 + n. 4.
[Contrairement à ce que pensait J. Q., cette œuvre n'est pas unique. J'ai choisi de remplacer la photo du musée de Bruxelles par celle d'une œuvre du Louvre, parce que cette dernière est mieux conservée et que la photo est plus lisible; notre fig. 62 (Louvre E 22874) = V. TRAN TAM TINH, dans *Lexicon iconographicum mythologiae classicae* III, 2, Zürich-München, 1986, n° 93c p. 86. — Un troisième exemple se trouve probablement au musée du Caire, mais les jambes de la naine sont cassées (JE 44706, bronze, provient d'Ehnasiya). Sur deux autres exemples encore (IDEM, *ibidem,* III, 2, p. 85 n° 93b et K. PARLASCA, *Zwei ägyptische Bronzen aus dem Heraion von Samos,* dans *AM* 68, 1953, p. 133, n°16, Beil. 46), une grenouille remplace le bouquetin; sur le symbolisme de la grenouille, voir J. LECLANT, *La grenouille d'éternité des pays du Nil au monde méditerranéen,* dans *Hommages à Maarten J. Vermaseren* (EPRO, 68), Leiden, 1978, p. 563 «cet animal chthonien, paraissant surgir spontanément du limon chauffé par le soleil à la décrue du Nil, est devenu le symbole de la création, de la vie qui renaît sans cesse (...) il un symbole constant de résurrection»; M. MALAISE, *La perception du monde animal,* dans *Anthropozoologica* 7 (1987), p. 43 n. 3 «On croyait que les grenouilles naissaient de la vase et qu'après six mois elles y rentraient pour renaître ensuite»; Ph. DERCHAIN, *Miettes,* dans *RdE* 30 (1978), §10 p. 65 «qu'il s'agisse de la déesse Heket qui préside à la naissance ou des dieux batrachocéphales d'Hermopolis issus, par une sorte de génération spontanée, de l'incréé primordial, la grenouille est liée à l'apparition de la vie ...»].

116 Caire JE 62114 = C(arter) 579 = T 544 (catal. spécial TAA), cfr *Toutankhamon et son temps,* (Exposition, Petit Palais, Paris, 17 février - juillet 1967), Paris, 1967, n° 35 p. 162-165.

117 JE 62016 = C 47, cfr N. REEVES, *Toutankhamon. Le roi, la tombe, le trésor royal,* (Paris, 1991), p. 180; H. CARTER, *The Tomb of Tutankhamen.* I, London ..., 1923, pl. XLIX. — Sur les fauteuils de la princesse Satamon (Caire CG 51111, 51112, 51113), ce sont deux hippopotames femelles qui encadrent Bès; ils constituent, comme Béset, des contreparties féminines du dieu Bès.

118 [Cette étude est la première étude d'histoire de l'art que Jan Quaegebeur, philologue de formation, avait entreprise. Chercheur polyvalent — il était aussi bon égyptologue que papyrologue, démotisant, ptolémaïsant et archéologue — il réalisa cette enquête avec la même acuité d'esprit que le reste. J. Quaegebeur se proposait de donner une suite à cet exposé dans une communication au 7e Congrès international des Egyptologues (Cambridge, 3-9 septembre 1995), sous le titre *«The Naked Girl and the Goose: A Motif of Rebirth»* (*Abstracts of Papers,* p. 147-8), mais il est décédé trois semaines avant l'ouverture du congrès].

119 Genèse 22.
[Comme le sacrifice d'Isaac préfigure le sacrifice du Christ qui pour les croyants est une promesse de résurrection, on ne peut manquer de souligner que c'est un animal à cornes qui sauve ici de la mort la victime désignée].

[120] J. COUYAT - P. MONTET, *Les inscriptions hiéroglyphiques et hiératiques du Ouadi Hammamat* (MIFAO, 34), Le Caire, 1913, p. 77 n° 110 l. 1-5 (cité par L. TROY, *Patterns of Queenship*, Uppsala, 1986, p. 130). Cet événement est en contradiction avec la recommandation biblique de ne pas tuer la mère tant que celle-ci allaite son petit, cfr H. GOEDICKE, dans *JNES* 42 (1983), p. 302-3. [Dans ce cas, la situation est un peu plus complexe, puisque la pierre sur laquelle la gazelle a mis bas, convenait spécialement bien pour faire un couvercle de sarcophage].

DE DWERGVROUW EN DE STEENBOK

of het raadsel van de albasten bark uit het graf van Toetanchamon

De titel van mijn voordracht, „De dwergvrouw en de steenbok", komt misschien verrassend over. Ik heb hem met opzet gekozen om het raadsel tot uitdrukking te brengen van de albasten bark die in het graf van Toetanchamon gevonden is[1] (fig. 1-2). Want wat is het verband tussen de naakte dwergvrouw in het scheepje en de koppen van steenbokken aan de boeg en achtersteven ervan? Niemand, voor zover ik weet, heeft van dit buitengewoon geheel een bevredigende interpretatie gegeven. Om een oplossing te vinden voor de gestelde vraag, is het nodig een systematisch onderzoek te doen. We zullen daarbij vertrekken van bekende gegevens: Toetanchamon en zijn graf.

Iedereen kent Toetanchamon en zijn gouden masker, dat tot het kunstpatrimonium van de wereld behoort. Rond 1335 voor Christus besteeg hij als kind de troon van Egypte, kort na de dood van de ketterse farao Echnaton. Hij stierf na een korte regering van nog geen tien jaar. Zijn graf werd in 1922 vrijwel ongeschonden teruggevonden. De schatten die erin opgestapeld waren, bevinden zich nu bijna allen in het Egyptisch Museum van Caïro. Dat is ook het geval voor de mooie bark die het thema van ons onderzoek uitmaakt en die reeds de belangstelling van verschillende egyptologen heeft gewekt.

De ontdekking van de schatten van Toetanchamon heeft steeds tot de verbeelding gesproken. In het beeldverhaal „Het geheim van de grote piramide", van de bekende Belgische stripauteur Edgar P. Jacobs, herkent men een aantal voorwerpen van de grafuitrusting van de jonge koning, waaronder ook de albasten bark[2]. De tekenaar heeft wel de twee figuurtjes vooraan en achteraan de bark weggelaten (fig. 3).

De albasten bark en haar voetstuk vormen samen een indrukwekkend geheel van 67,5 cm hoog en 70 cm lang[3]. Op de korte voorzijde van het voetstuk kan men de namen van Toetanchamon en zijn vrouw Anchesenamon lezen.

In haar veelgelezen boek *Toetanchamon. Leven en dood van een farao,* rekent Chr. Desroches-Noblecourt de bark bij de uitzonderlijke voorwerpen van het graf en zij beschrijft haar als volgt: „Zij is uit zeer fijn albast gesneden en versierd met gekleurd glas en bladgoud; zij vormt een soort rechthoekig bekken, versierd met bloemmotieven en de namen van Toetanchamon en van zijn vrouw Anchesenamon. Middenin dit bekken, dat ongetwijfeld gevuld kon worden met bloemen, staat op een voetstuk een bootje, waarvan voor- en achtersteven eindigden in de kop van een steenbok. Onder een baldakijn, dat op vier bloemzuilen rust, staat een voorwerp, dat op een openstaande sarcofaag lijkt en versierd is met plantenmotieven. ... Vooraan hurkt een charmant naakt meisje, dat een lotusbloem tegen zich aandrukt; achteraan staat een dwergvrouwtje met een lange stok, waarmee ze de boot kan sturen"[4]. Op deze beschrijving volgt geen verdere verklaring.

Jean Yoyotte, een ander vooraanstaand Frans egyptoloog, schrijft: „Op zichzelf is deze decoratieve bark, die een boottochtje in de moerassen oproept, ..., zo eigenaardig dat men zich, in afwachting van een grondig onderzoek, moet beperken tot het stellen van de vraag wat haar functie kan geweest zijn in de vertrekken van Toetanchamon". Hij gaat verder met: „Volgens sommigen zou men in de holte van dit monumentale stuk reukwerk gegoten hebben dat moest verdampen en een aangename geur verspreiden. Volgens een andere theorie zouden natuurlijke of kunstbloemen in het bekken rondom de bark geplaatst geweest zijn. Deze tweede verklaring, gesuggereerd door voorstellingen in tempels en graven van, onderling verschillende, ingewikkelde vazen die aan Hathor als offerande aangeboden worden, is bijzonder aantrekkelijk: omringd door een dubbele haag van bloemen en bladeren biedt het bassin, rondom versierd met slingers van mandragora, korenbloemen en kelkblaadjes van de blauwe lotus, een aangrijpend beeld van een prinses en haar vrouwelijke dwerg die gaan spelevaren"[5].

De jonge vrouw op de voorplecht van het schip (fig. 4) wordt inderdaad meestal beschouwd als een prinses. Wij zullen niet proberen haar een naam te geven[6]. Haar naaktheid is misschien slechts schijn[7]. De dwergvrouw echter (fig. 5) is onloochenbaar naakt. Dit lijkt mij moeilijk in overeenstemming te brengen met een eventuele functie van dienares. Sommige auteurs beschrijven haar zelfs als „oud"[8]. Het idee dat een dienares een jonge vrouw tijdens een boottochtje vergezelde, is wellicht ingegeven door enkele Amarnareliëfs waar vrouwelijke dwergbedienden bij de prinsessen staan[9].

Ik wil nog een laatste geleerde citeren, een specialist van Toetanchamon, de voormalige conservator van de Egyptische verzameling van het British Museum I.E.S. Edwards. Hij schrijft op een laconieke manier in zijn schitterend boek *Tutankhamun. His Tomb and its Treasures*, gepubliceerd in 1977 door het Metropolitan Museum of Art: „Vijftig jaar na zijn ontdekking is er nog steeds geen verklaring voor dit albasten model"[10].

Om dit erg bijzondere voorwerp beter te begrijpen en te verklaren, stel ik een tweeledig onderzoek voor, vertrekkend van de twee opvallendste elementen, de naakte dwergvrouw en de steenbok.

Laten we met de steenbok beginnen. Volgens Chr. Desroches-Noblecourt worden voor- en achtersteven van het schip versierd met de kop van een Syrische ibex, voorzien van de natuurlijke horens van een jong dier[11]. In een recente studie, gepubliceerd in het *Journal of Egyptian Archaeology*, bevestigt D.J. Osborne de identificatie van het dier op grond van zijn gelaatstrekken (frontispies). Hij stelt echter tegelijkertijd vast dat de horens, waarvan er één ontbreekt, niet natuurlijk zijn maar uit hout vervaardigd werden[12]. Wij moeten ook opmerken dat de term „Syrische ibex" niet gebruikt wordt door de zoölogen. Zij verkiezen de Latijnse naam *Capra aegagrus* of wilde geit. Dit dier komt niet voor in Egypte, waar, sinds zeer oude tijden, de Nubische steenbok of *Capra ibex nubiana* leeft[13]. Sommigen hebben er reeds eerder op gewezen dat het graf van Toetanchamon, naast de albasten bark, nog andere voorwerpen bevatte die op een Syrische invloed wijzen.

De aanwezigheid van Syrische steenbokken in het graf van Toetanchamon herinnert aan een beroemde voorstelling in het graf van Chnoemhotep te Beni Hassan

(12de dynastie, rond 1900 v. Chr.). Aziatische bedoeïenen die in Egypte aankomen, drijven een gazelle en een steenbok voor zich uit. Dit tweede dier heeft op de kop de tekens die kenmerkend zijn voor de Syrische soort[14].

In het vervolg van deze uiteenzetting zal ik niet langere het onderscheid maken tussen *Capra aegagrus* (Syrische ibex) en zijn Egyptisch tegenhanger *Capra ibex nubiana* (Nubische ibex) en de termen ibex en steenbok zowel voor de ene als voor de andere soort gebruiken. Ze dienen trouwens ook om de alpensteenbok, die tot dezelfde familie der geitachtigen behoort, aan te duiden[15].

De steenbok of ibex werd in de Egyptische kunst dikwijls voorgesteld. Vanaf de predynastische periode verschijnt hij op vazen van de Nagada- of Gerzeh-tijd[16]. Op het zogenaamde „grote dierenpalet", dat in Oxford bewaard wordt en van ongeveer 3000 jaar voor onze tijdrekening dateert[17], wordt de ibex, onderaan in het midden, vergezeld door een oryx en een gazelle. De steenbok wordt aangevallen door een dier dat op een leeuw lijkt. Eronder ziet men nog een bubalis-antilope die door honden wordt opgejaagd. De ibex, de oryx en de gazelle zijn drie woestijndieren die vaak samen voorkomen in de Egyptische kunst, zoals we verder zullen zien. Ze zijn te onderscheiden door de vorm van hun horens. De oryxantilope, waarvan de wetenschappelijke naam *oryx gazella dammah* luidt[18], heeft lange, bijna rechte horens, vandaar zijn naam van sabelantilope; de horens van de ibex zijn erg groot en naar achter omgebogen; de gazelle (*gazella dorcas*) is herkenbaar aan de dubbele kromming (of aan de S-vorm) van haar horens, die korter zijn dan die van beide andere soorten.

Men vindt deze dieren vaak in jachtvoorstellingen en in offerprocessies van vee. Dergelijke afbeeldingen van offerandes zijn zowel bekend van de mastabas van het Oude Rijk[19] (fig. 6), als van de graven en dodentempels van het Midden- en het Nieuwe Rijk en ook nog van later, uit de Late Tijd[20] (fig. 7)[21] Het motief van de jacht op woestijnwild wordt eveneens geregeld weergegeven op kleine kunst- en decoratieve voorwerpen[22]. De jacht op steenbokken en antilopen moest er in de eerste plaats voor zorgen dat de dieren op de tafel van hooggeplaatste personen terechtkwamen en dat de stallen gevuld werden[23]. Het is moeilijk te zeggen vanaf welk ogenblik men aan deze jachtvoorstellingen een godsdienstige betekenis heeft gegeven, met andere woorden vanaf wanneer men de jacht als een onderdeel in de instandhouding van Maät, van de orde, in het wilde, chaotische milieu van de woestijn is gaan beschouwen[24].

Op volgende foto's uit de dierentuin van Caïro (fig. 8)[25] kan men goed een volwassen steenbok van een jong onderscheiden: het volwassen dier heeft machtige en zeer ontwikkelde horens die een indrukwekkende boog vormen; het jonge dier heeft rechte horens waarvan enkel het uiteinde gebogen is. Bij beide dieren echter is de voorkant van de horens voorzien van sterk naar voren springende beenuitsteeksels[26]. Op een monument van koning Horemheb (fig. 10) zijn de horens van de steenbokken korter dan in werkelijkheid het geval is. Bemerk ook dat het mannelijk dier een sik heeft, het wijfje niet.

Nu we ons vertrouwd gemaakt hebben met ibex, oryx en gazelle, kunnen we terugkeren naar ons vertrekpunt, de albasten bark van Toetanchamon. Is dit kunstvoorwerp enig in zijn soort of bestaan er vergelijkbare stukken? Met andere woorden, zijn er nog andere barken voorzien van de kop van een steenbok?

In het museum van Oost-Berlijn wordt een mooie bronzen ibexkop met inlegwerk van goud bewaard. Deze kop maakte wellicht deel uit van een bark samengesteld uit verschillende materialen[27]. Dit voorwerp, dat uit de Late Tijd lijkt te stammen, levert ons helaas geen nieuwe gegevens op. Verder ken ik slechts twee andere voorbeelden van boten wier boeg en achtersteven versierd zijn met de kop van een steenbok, maar die zijn wel bijzonder interessant. Het eerste is een dodenbark in de Egyptische verzameling van Sigmund Freud en wordt bewaard in zijn huis in Londen, dat tot museum omgebouwd werd[28] (fig. 11). De horens van de dieren zijn teruggebogen tot op de schedel[, waarschijnlijk om technische redenen (versteviging)[29]]. Op grond van vergelijking met gelijkaardige scheepsmodellen in hout, kan ons exemplaar best in het Middenrijk gedateerd worden. Het is dus een soort prototype van de albasten sierbark van Toetanchamon. Ons tweede voorbeeld bevindt zich in Deir el-Bahari: een reliëf in de Hathorkapel van de dodentempel van Hatsjepsoet (18de dynastie) toont een rij boten; meerdere van hen hebben runderkoppen getooid met Hathorkronen, maar één schip is versierd met de koppen van steenbokken (fig. 12).

Wat kan de betekenis van die steenbokkoppen zijn? Als men denkt aan de grote bark *Oeserhat* of aan andere godenbarken die in Thebe in processies werden meegedragen en die alle versierd zijn met de kop van een dier — ram of valk —, is men geneigd een verband te leggen met een godheid. Men kan zich afvragen of de ibex niet met Hathor te verbinden is. Yoyotte heeft voor de albasten bark reeds verwezen naar offeranden voor Hathor. In de voorstelling in Hatsjepsoets tempel lijkt er een parallellisme te bestaan tussen de steenbokkoppen op het ene schip en de koppen van Hathor als koe op de andere. In het geval van de bark in de collectie van Freud, die een mummie naar de necropool transporteert, kan men een band met Hathor als patrones van de dodenstad overwegen.

In de mate dat steenbok en gazelle verwisselbaar zijn, lijkt de mogelijke band tussen Hathor en deze woestijndieren bevestigd te worden door een hiëroglifische tekst in de kleine tempel van Hathor te Philae. Deze tekst karakteriseert de godin als *tꜣ gḥs.t n ḏw.j*, „de gazelle uit het gebergte"[30]. Op een zuil in dezelfde tempel ziet men bovendien een personage dat gazellen meebrengt voor de godin (fig. 13). De bijnaam van Hathor „de gazelle uit het gebergte" is in verband te brengen met een passage van de mythe van het zonneoog, waarin verteld wordt dat de godin zich op een bepaald ogenblik verandert in een gazelle[31]. Vanaf het Nieuwe Rijk is de gazelle als heilig dier ook gewijd aan de godin Anoekis[32], wier band met Hathor goed bekend is[33]. Een kalksteenscherf van Deir el-Medina toont de koninklijke schrijver Hay in verering voor Anoekis die uit het Thebaans gebergte te voorschijn komt als gazelle[34], net zoals Hathor in rundergedaante uit hetzelfde gebergte opduikt (fig. 14)[35].

Als men een beetje zoekt, vindt men nog andere documenten. Een gazellemummie in een houten kist werd gevonden te Deir el-Bahari, in een geheime bergplaats voor koningsmummies die in de 22ste dynastie werd ingericht[36] (fig. 15). Een andere mummie komt uit het graf van mevrouw Anchsjepenoepet, eveneens te Deir el-Bahari[37]. Men kan zich trouwens afvragen of de kist uit de koninklijke bergplaats niet eerder een steenbok, dan een gazelle afbeeldt. Nog in de Ptolemaeïsche tijd was er een „graf van de gazellen" in de Thebaanse necropool bekend[38]. Op verschillende plaatsen in Egypte heeft men overigens begraafplaatsen van gazellen gevonden, onder meer te Komir, een kultusoord van Anoekis tussen Edfoe en Esna[39], en te Wadi Digla, waar in de Predynastische Tijd gazellen naast mensen begraven werden[40]. Het ziet ernaar uit dat men al zeer vroeg aan de gazelle een religieuze betekenis toegekend heeft[41].

Ik heb nu enkele voorbeelden getoond van barken die versierd waren met koppen van een steenbok. Boten voorzien van gazellekoppen heb ik daarentegen niet kunnen vinden. Voor wat de barken met oryxkoppen betreft, wil ik hier liever de speciale bark van Sokaris, een dodengod van Memphitische oorsprong, buiten beschouwing laten om de zaken niet nog ingewikkelder te maken en omdat de kop van het dier op de Sokarisbark altijd naar het binnenste van de boot is gewend. Interessanter is dat de oryxkop soms de barken van godinnen tooit, bijvoorbeeld de heilige bark van Bastet, meesteres van Boebastis[42] (fig. 16) — die men als een vorm van Hathor kan beschouwen —, en de bark van Nechbet te Elkab[43] (fig. 17)[44]. De aanwezigheid van de kop van een gehoornd dier aan de voorsteven van primitieve schepen kan men ver in het verleden terugvoeren, want men vindt dit gegeven reeds vanaf het begin van de Egyptische geschiedenis, onder meer in rotstekeningen[45]. Op het bekende mesheft van Gebel el-Arak zijn twee schepen voorzien van een ibexkop, maar dit detail is moeilijk te herkennen op de gepubliceerde foto's[46].

Ondanks de hierboven geciteerde voorbeelden is de band tussen de ibexkoppen, die boeg en achtersteven van de bark van Toetanchamon sieren, en de godin Hathor of een andere godheid, noch helemaal zeker, noch vanzelfsprekend. Misschien moeten we in een andere richting zoeken.

Laten we in het maritieme domein blijven. De achtersteven van de barken van de zonnegod Re (bijvoorbeeld op het Dodenboek van Neferrenpet in Brussel, fig. 18)[47] en van de maangod Thot[48] eindigt duidelijk in wat geleerde boeken een *aplustre*[49] (Latijn: spiegel van een schip) noemen: het uiteinde is sterk gebogen en neemt de vorm van een enorme steenbokhoorn aan. Wat zou de betekenis kunnen zijn van de hoorn van de ibex? Wanneer men het grote Egyptische woordenboek raadpleegt, dan leest men dat de uitdrukking *ʿb njȝw* „hoorn van de steenbok" in de Griekse periode de betekenis kan hebben van „jaar"[50]. Dit is gemakkelijk te verklaren: de hiëroglief voor jaar, *rnp.t* (Gardiner M 4), die oorspronkelijk een palmtwijg ontdaan van haar bladeren voorstelt, werd opgevat of geherinterpreteerd als een hoorn met uitsteeksels van een steenbok[51]. Dat ziet men duidelijk op de kleine vergulde naos van Toetanchamon: de koninklijke gemalin biedt aan haar echtgenoot twee jaartekens aan, waaraan de symbolen voor leven, macht, jubileum en eeuwigheid zijn bevestigd (fig. 19)[52]. Wellicht hebben de oude Egyptenaren in de uitsteeksels van de horens een soort jaarringen herkend die de leeftijd van het dier aangeven. Trouwens, de wortel *rnp-* betekent „verjongen, jong zijn" en de etymologische betekenis van *rnp.t* „jaar" is „dat wat zich (periodiek) vernieuwt"[53]. Het symbool *ḥḥ* dat men in het midden van een pectoraal van Sesostris II ziet (fig. 20) en dat een personage voorstelt dat twee jaartekens vasthoudt, betekent „de eeuwigheid". Wanneer de achtersteven van de zonne- of maanbark de vorm van een ibexhoorn aanneemt, is dat ongetwijfeld een verwijzing naar de eeuwige terugkeer van de zon (die zich dagelijks vernieuwt) en van de maan (die zich alle 29,5 dagen vernieuwt). In het Ptolemaeïsch schriftsysteem heeft de steenbok trouwens de fonetische waarde *rnp* „zich verjongen"[54]. Aangezien Keimer noteert dat het verband tussen de ibexhoorn en het idee van hernieuwing minstens al in het Nieuwe Rijk bekend was[55], ben ik geneigd aan te nemen dat in het geval van de bark van Toetanchamon de steenbokkoppen eveneens naar het idee van vernieuwing van het leven, van herboren worden, verwijzen.

Het graf van Toetanchamon bevatte nog een tweede voorstelling van de Syrische ibex[56]. Het gaat om een albasten zalfpot, fijn uitgebeiteld in de vorm van een liggende steenbok (fig. 21); de poten zijn opgetrokken, de tong hangt deels uit de muil. De hals van de vaas, op de rug van het dier, is afgebroken en één der beide horens ontbreekt. Waarom zou men aan een stuk vaatwerk de vorm van een steenbok hebben gegeven? Is hier enkel de fantasie van de kunstenaar aan het werk? Ik denk het niet.

Wanneer men de toiletartikelen van het Nieuwe Rijk bekijkt, dan stelt men vast dat het motief van de steenbok dikwijls opduikt, naast dat van de oryx en de gazelle (fig. 22-23)[57], en dat het thema van de jacht op woestijndieren steeds weer terugkeert (fig. 24-25)[58]. Bovendien is het goed bekend dat men voor de iconografie van de zogenaamde zalflepels gebruik maakte van symbolen die met verjonging verbonden zijn: de lotus der regeneratie, het naakte jonge meisje, soms in de gedaante van een zwemster of een muzikante, enz. Is verjonging tenslotte niet het doel van de cosmetica? Herinneren we ons terloops de naakte jonge vrouw die een lotus tussen haar borsten houdt, vooraan op de bark van Toetanchamon (fig. 4).

Dezelfde motieven van vernieuwing vinden we terug op de faience drinkschaaltjes. Dit is bijvoorbeeld het geval op een exemplaar in het museum van Leiden, waar een jonge, zo goed als naakte muzikante, getatoeëerd met een figuur van Bes op haar dij, het aan de stok heeft met een drieste aap die haar gordel losmaakt (fig. 26)[59]. Men mag dan ook niet verwonderd zijn op dergelijke schaaltjes eveneens het motief van de gazelle met haar jong aan te treffen (fig. 27), een motief waarvan ik minstens drie voorbeelden ken[60]. De iconografie van de toiletartikelen en de drinkschalen wordt soms beschreven als „hathorisch". Bes is trouwens ook een goede bekende, onder andere op kohlflesjes.

Voor het Nieuwe Rijk zijn er verschillende types vazen waarop men de steenbok in een of de andere vorm terugvindt[61]. Dit motief is zeker niet toevallig op de faience vazen van de Late Tijd wier hals de vorm van een papyrusbloem imiteert. Ze worden nieuwjaarsflessen genoemd wegens de ingegrifte wens voor „een goed en gelukkig jaar"[62].

Maar er is meer. Uit het Nieuwe Rijk kennen we een aantal erg fraaie diervormige vazen in gepolijst aardewerk die ons in staat stellen een verdere stap in ons onderzoek te doen. Een dergelijk exemplaar, dat in München bewaard wordt, is merkwaardig door de manier waarop de kunstenaar de horens van het jonge dier de functie van een handvat heeft gegeven[63] (fig. 28). Een ander stuk in het Louvre stelt een vrouwelijke ibex voor met aan weerszijden van de kop een kalf[64] (fig. 29). Sommige geleerden menen dat deze kruikjes gebruikt werden om melk in te bewaren[65]. Een reeks gelijkaardige vazen is afgebeeld in het Thebaanse graf van Kenamon, uit de tijd van Amenhotep II[66]. Op kleine tafeltjes zijn, te midden van de geschenken die ter gelegenheid van het nieuwjaarsfeest werden uitgedeeld, drie kruikjes tentoongesteld met de vorm van de dieren die we reeds herhaaldelijk samen hebben aangetroffen: bovenaan de oryx en eronder de gazelle en de steenbok (fig. 30). Wat gelijkt op een bloem in de muil van de antilope en de ibex is in feite de hals van de fles, zoals men kan vaststellen bij het driedimensionele exemplaar in het Louvre. Indien de vaas in de vorm van een ibex als een symbolisch nieuwjaarsgeschenk mag beschouwd worden, omdat de hoorn van het dier voor de hiëroglief van het jaar kan gebruikt worden, dan moeten de andere twee dieren, op hun beurt, het idee van nieuw leven oproepen. Het is trouwens bekend dat melk, het voedsel van de pasgeborene, een belangrijke rol speelde bij de nieuwjaarsrituelen[67].

Deze alleraardigste kruikjes in diergestalte maken deel uit van een grotere groep van luxe vaatwerk, waarvan het bekendste type de vorm van een moeder met kind heeft. Men neemt algemeen aan dat dergelijke vaasjes melk bevatten (bijvoorbeeld Louvre N 969 = fig. 31)[68]. Ze worden als apothekersflesjes geïnterpreteerd omdat medische papyri ons leren dat men gebruik moest maken van „melk van een vrouw die een jongen ter wereld heeft gebracht" om bepaalde ziekten te genezen. In een vitrine van het British Museum zijn meerdere van dergelijke „apothekersflesjes" tentoongesteld. Ernaast staat een hoorn voor olie, waarvan één uiteinde uitgewerkt is in de vorm van een ibexkop[69] (fig. 32). Deze is in aardewerk, maar er bestaan gelijkaardige flesjes in echte runderhoorn[70]. Ze bevatten luxeoliën die hoofdzakelijk uit Syrië geïmporteerd schijnen te zijn[71]. Weer een ander vaasje, ditmaal in Caïro, heeft de vorm van een vrouwelijke dwerg[72] (fig. 33). In dit geval zou het eveneens eerder om een olieflesje dan om een melkflesje gaan, en wel om twee redenen. Ten eerste heeft de misvormde vrouw geen kind om te voeden; ze lijkt wel zwanger, te oordelen naar de positie van haar handen (men heeft de indruk dat ze haar buik masseert). Ten tweede moet men dit stuk vergelijken met een hele reeks albasten recipiënten in de vorm van zwangere vrouwen, vaak dwergvrouwen, die als olieflacons of zalfpotten gebruikt werden[73].

Nu moet ik de volgende vraag stellen: „Hoe kunnen we bij de vormgeving van deze recipiënten voor olie en andere cosmetische producten de voorkeur verklaren voor dwergvrouwen met korte benen en dikwijls misvormde voeten?". Het is echter nog te vroeg om daarop te antwoorden.

Laten we kort de reeds afgelegde weg overschouwen. Na een onderzoek gewijd te hebben aan de aanwezigheid van de kop of de hoorn van de steenbok bij verschillende scheepstypen, hebben we kunnen vaststellen dat de steenbok en meer in het bijzonder zijn hoorn het idee van vernieuwing, van regeneratie uitdrukt. Vervolgens is gebleken dat het motief van de ibex in het Nieuwe Rijk voorkomt bij talrijke recipiënten, waarvan tenminste sommige beschouwd dienen te worden als nieuwjaarsgeschenken. In de bondige vergelijking van verschillende types vaatwerk in gebakken klei en albast, heb ik de thema's van de dwergvrouw en de steenbok naast elkaar geplaatst, zoals in de titel van mijn voordracht. Zelfs indien de kruikjes in de vorm van een steenbok oliekruikjes zouden zijn in plaats van melkkruikjes, dan rijst geen enkel probleem voor de interpretatie. Melk en olie zijn beiden producten die, niettegenstaande hun uiteenlopend gebruik, het lichaam tot nieuw leven wekken, tot vernieuwing stimuleren. De dwergvrouw en de steenbok roepen dus het idee van het nieuwe leven op en de bark van Toetanchamon kan best een nieuwjaarsgeschenk geweest zijn[74].

Deze suggestie brengt ons nog niet alle gewenste duidelijkheid over de problematiek van de albasten bark. Waarom heeft de kunstenaar van dit „pièce montée" twee regeneratieve symbolen met elkaar verbonden die op het eerste zicht zo verschillend van aard zijn? Met andere woorden, bestaan er bijzondere banden tussen de dwergvrouw en de steenbok? En waaruit bestaat hun eventuele verhouding met de naakte jonge vrouw die geknield zit op de voorplecht van de boot?

Zoals bij het begin gezegd, hebben Mevr. Desroches-Noblecourt en andere geleerden in dit charmante personnage een prinses willen herkennen. En daar opent zich een nieuw perspectief. Inderdaad, op een vaasfragment, bekend als de „huwelijksvaas" en gevonden te Ras Sjamra in Syrië, herkennen we een dame die haar echtgenoot, Niqmat, de koning van Oegarit, een drank uitschenkt[75] (fig. 34). De dame zou een Amarnaprinses zijn[76]. Het paar bevindt zich in een gebouwtje dat bovenaan voorzien is van een fries van ibexkoppen; deze koppen vervangen blijkbaar een cobra- of uraeus-fries. De bloemenkroon gedragen door de prinses van Oegarit vinden we terug bij prinses Satamon, dochter van farao Amenhotep III, op een zetel die haar eigendom was en die in het graf van haar grootouders, Joeja en Toejoe, gevonden werd (fig. 35). Maar aan de diadeem op het hoofd van prinses Satamon[77] prijkt een gazellekop, die ontbreekt op het stuk van Oegarit. Ik ben geneigd aan deze gazellekop dezelfde beschermende functie toe te kennen als aan de cobra — soms vergezeld van de gier — op het voorhoofd van de koning en eventueel van de koningin. De ibexkoppen bovenaan het gebouwtje van de vaas van Ras Sjamra zouden eveneens dezelfde waarde hebben. Men kan andere voorbeelden aanhalen van een gazellekop op het voorhoofd van dames. Zo dragen in het graf van Menna twee koninklijke favorieten dit embleem (de gazelle is gemakkelijk herkenbaar aan de S-vormig gebogen horens) (fig. 36). In het Metropolitan Museum of Art te New York wordt een gouden haarband versierd met twee gazellekoppen bewaard, die heeft toebehoord aan één der bijvrouwen van Thoetmosis III[78] (fig. 37). Wegens de onvertaalbare of niet-Egyptische namen van de drie prinsessen veronderstelt men dat ze van vreemde herkomst waren, met name dochters van Syrische of Kanaänitische vorsten. Een diadeem in electrum, eveneens in de collectie van het Metropolitan Museum of Art, is voorzien van twee gazellekoppen aan weerszijden van de kop van een hert, een zeldzaam dier in de Egyptische iconografie (fig. 38); deze diadeem zou uit de oostelijke delta afkomstig zijn en wordt gedateerd in de Tweede Tussenperiode[79].

Meerdere onderzoekers noteren dat te Oegarit en elders in het Nabije Oosten de gazelle als symbool verbonden werd met prinsessen van koninklijken bloede[80]. Maar men kan nog andere argumenten aanhalen om aan te tonen dat het motief van de ibexkop die het voorhoofd van koninklijke gemalinnen in Egypte siert, uit Azië afkomstig is. Op een Thebaanse stèle uit het Nieuwe Rijk[81] is de godin Qoedsjoe [of Qadesj], naakt en staande op een wandelende leeuw afgebeeld tussen een ons vertrouwde god, Amon-Min, en een godheid wiens naam Resjpoe geschreven is en die men meestal Resjef noemt. Qadesj en Resjef zijn twee Semitische goden die uit Syrië-Palestina komen. Resjef, die in de eerste plaats een oorlogsgod is, heeft op zijn voorhoofd een gazellekop. Om dit detail, dat op vele andere Egyptische voorstellingen van Resjef aangetroffen wordt, te verklaren, wijst men op zijn natuur van woestijngod[82]. Min, van zijn kant, is niet alleen een vruchtbaarheidsgod, maar ook een god van de woestijn. En het is geen verzinsel van mijnentwege als ik zeg dat de gazelle, die in Koptos het heilig dier van Isis is, aan Min, god van de woestijn, geofferd werd[83].

De verbinding van de vreemde god Resjef met de gazelle is vrij goed bekend, ook al ontbreekt een uitvoerige studie over deze thematiek. Er is echter een andere god bij wie ditzelfde attribuut soms zeer duidelijk is, maar in wiens geval er weinig aandacht aan geschonken werd. Het gaat om Horus, of liever Harpokrates, dit wil zeggen Horus het kind. Op een stèle in het Poesjkinmuseum in Moskou[84] (fig. 39) zijn alle elementen van de magische stèles die men „Horuscippi" noemt, aanwezig: het schrikwekkende masker van Bes, de gevaarlijke dieren in de handen van Horus en onder zijn voeten. Alleen de weergave van de jeugdige god in profiel doet denken aan de stèles waarop de god Sjed voorgesteld is. Deze laatste kan in zekere zin als een voorloper van Horus op de krokodillen gezien worden. Een amulet in het museum van Caïro (CG 9427, 18de dynastie) stelt op de achterzijde de god Onoeris en de valk Horus op een oryx voor, op de voorzijde de god Sjed[85] (fig. 40). De oorsprong van de jagersgod Sjed, wiens naam men vertaalt met „redder", blijft duister. Sommige geleerden denken dat hij, niettegenstaande zijn Egyptisch voorkomen, van Semitische herkomst is. Aan de zijkant van de schedel draagt Sjed de prinsenlok en op het voorhoofd de uraeus. In de ene hand houdt hij een boog en twee slangen en men heeft de indruk dat hij probeert een leeuw in bedwang te houden. Met de andere hand draagt hij een, blijkbaar levende, gazelle. Op een stèle van de XIXde dynastie (fig. 41)[86], door de schrijver Ramose aan Sjed gewijd in de hoop door zijn gebed gezondheid, geluk en vreugde te bekomen, is de jeugdige god gekleed en uitgerust als een prins. De gazellehorens zijn duidelijk herkenbaar op het voorhoofd, hij bedwingt een leeuw, slangen en schorpioenen, trapt op krokodillen en houdt twee gazellen aan de leiband die zich te goed willen doen aan een gestileerd weergegeven struik. De tekst bovenaan beschrijft Sjed als een „god ... gekomen uit de woestijn, drager van het gezonde oedjat-oog, om dit huis te beschermen".

Het beeld van de gazelle die in de woestijn op zoek is naar groen om zich te voeden en daartoe tegen een struik op haar achterste poten gaat staan (fig. 42), is door de natuur geïnspireerd en vindt men terug in heel het Nabije Oosten. Het motief van de „levensboom" werd trouwens reeds bestudeerd[87]. Op een koffer uit het Nieuwe Rijk, bewaard te Bologna (fig. 43), is de voorstelling van de gazelle die zich te goed doet aan de blaadjes van een boom verbonden met dat van het dier dat haar jong zoogt en zo het leven doorgeeft. Hetzelfde onderwerp treft men al in het Middenrijk aan, met name in Kerma, waar steenbokken de plaats van de gazellen innemen (fig. 44): aldus worden deze woestijndieren opnieuw parallel gebruikt. Een variante op dit thema, die tegelijkertijd de ruime verspreiding ervan illustreert, geeft aan dat de boom werkelijk als levensbron moet beschouwd worden: op deze fragmentarische vaas (fig. 45), gevonden te Lakisj, vervangt de meermaals weergegeven schaamdriehoek de boom; ze is telkens geflankeerd door twee steenbokken[88].

Veel later, in de koptische kunst, blijven de jachtscènes voortbestaan[89] en het thema van de levensboom wordt vaak weergegeven in de vroegchristelijke kunst. Zo bezit het museum van Lyon een koptische stèle (fig. 46) waarop de antilope naar alle waarschijnlijkheid op te vatten is als een symbool van het nieuwe leven. Dit symbolisme moet begrepen worden vanuit de levensomstandigheden van deze woestijndieren: het leven ontstaat er in een onvruchtbare omgeving en is voortdurend bedreigd door roofdieren en door de mens[90].

Laten we nu terugkeren naar Sjed en Horus op de krokodillen. Deze twee goden treffen we samen aan op een magische stèle in het museum van Caïro (fig. 47)[91]. Op de sokkel zien we Sjed die, vanop zijn door griffioenen getrokken wagen, jaagt op woestijndieren. De jonge Horus, in sterk verheven reliëf op de stèle zelf, houdt een leeuw en een oryx in zijn handen. Boven zijn hoofd bevindt zich het Bes-masker en aan zijn voorhoofd bemerkt men het kopje van een gazelle of oryx[92].

Van Horus op de krokodillen kan men gemakkelijk overstappen naar Bes Pantheos (Bes als al-god, een genius die de macht van meerdere goddelijke wezens in zich verenigt): ook hij grijpt leeuw en oryx (fig. 48). Het verband is duidelijk: het schrikwekkende masker van Bes boven het hoofd van Horus (fig. 39, 47)[93] deed reeds een gemeenschappelijk karakter veronderstellen[94]. Zoals bij Sjed en Horus, kan de hoofdtooi van Bes versierd zijn met één of twee gazellekoppen. Een fries van de Romeinse geboortetempel van Dendera, bijvoorbeeld, is samengesteld uit hoofden van Bes tussen gazellekoppen (fig. 49, 50)[95]. Om de band tussen Bes en de woestijndieren te begrijpen, moet men weten dat hij, zoals de jonge Horus, gevaarlijke dieren onschadelijk maakt en dat hij, zoals Sjed, leeuwen, steenbokken en slangen bedwingt[96]. [Nabij de Romeinse mammisi van Dendera] wordt een blok bewaard dat Bes toont, teruggekeerd van de jacht met zijn prooi (een gazelle) op de schouders (fig. 51)[97].

Dezelfde opvattingen vindt men ook in het Nabije Oosten terug. Op een kist, afkomstig uit Tell Mardich en nu in het museum van Damascus, bedwingt de leeuwenkoppige god Asjtar twee leeuwen, terwijl zich aan zijn voeten een haas, een hond en ... twee steenbokken bevinden[98]. Bes is de Egyptische tegenhanger van de Vooraziatische godinnen die men als „meesteressen van de wilde dieren" omschrijft, zoals deze godin van Oegarit, die wat groen geeft aan twee gehoornde dieren die op hun achterpoten staan (fig. 52)[99].

Keren we terug naar Egypte. We hebben ons dus afgevraagd of er een verband was tussen, enerzijds, de onderling uitwisselbare dieren steenbok, gazelle en oryx en, anderzijds, Hathor en verwante godinnen. Het is gebleken dat deze dieren, die we als decoratie op allerlei soorten toiletartikelen aangetroffen hebben, symbool zijn van de vernieuwing van het leven en aldus verbonden zijn met de wereld van de vrouw. De voorwerpen in kwestie bevatten zeer dikwijls verwijzingen naar Hathor, de godin bij uitstek van de vrouwelijkheid, of naar Bes, de beschermer van zwangere vrouwen en jonge moeders. Verder hebben we vastgesteld dat de gazellekop een attribuut is van de de koninklijke haremdames[100]. Daarna zijn we, via Resjef, Sjed en Horus, wier kwaliteit als „heren van de woestijn" tot uitdrukking komt in de gazellekop aan hun voorhoofd, terechtgekomen bij Bes, die de mannelijke tegenhanger blijkt te zijn van de „meesteressen van de wilde dieren". De evolutie van Bes, van beschermgeest naar meester van de woestijndieren, loopt parallel met een andere ontwikkeling: Bes was namelijk intussen ook opgenomen in de zonnetheologie. Hij is aanwezig bij het opkomen van de zon aan de oostelijke horizon en hij trekt de wacht op bij de jeugdige zon, zodat hij, na bondgenootschappen te hebben aangegaan met de goden van het oosten zoals Resjef, Horus en Min, uiteindelijk zelf bijzondere banden met de oostelijke woestijn bekomt[101].

Wat de zoëven belichte relatie betreft tussen Bes en de woestijndieren, wil ik nog kort ingaan op een reeks voorstellingen van de dwerggod, vaak in faience, die minstens teruggaan tot het einde van het Nieuwe Rijk[102]. Sommige stukken zijn zelfs buiten Egypte gevonden. In enkele afbeeldingen houdt Bes een oryx en een steenbok vast[103] (fig. 53), in andere vertoont de achterzijde van zijn pluimentooi een oryx (fig. 54)[104] of een liggende steenbok (fig. 55)[105]. Deze tweede groep voorwerpen, die Bes tonen terwijl hij de borst geeft aan een kind, veroorzaakt moeilijkheden voor de interpretatie. Zonder uitvoerig op deze kwestie in te gaan, moeten we het toch even behandelen, daar het niet zonder belang is voor deze uiteenzetting. Als ik iets mag vereenvoudigen, luidt de probleemstelling: hebben we hier te maken met de mannelijke god Bes, of is het een tweeslachtig wezen, zoals anderen denken? In het eerste geval — Bes is steeds mannelijk — zegt men dan dat Bes met zijn rechterhand een min of meer ronde vrucht aan het kind aanreikt, en men denkt dan aan een noot, meer bepaald aan een noot van de doempalm. In de tweede hypothese — Bes is tweeslachtig — neemt men aan dat hij, door zijn baard als man gekenmerkt, het kind de borst geeft. Mijns inziens kan men het feit dat meestal de linkerborst aan het kind wordt aangeboden, niet inroepen als argument tegen de hypothese van een zogende godin. Wanneer men vergelijkt met de mooie „melkkruikjes" waarvan boven sprake was (fig. 31), dan is het onderscheid niet groot: de houding van de hand is gelijkaardig en de borst heeft bijna dezelfde vorm. Blijft het probleem van de baard. Deze „baard", die men beter definiëren kan als een grotesk leeuwenmasker, is geen beslissend argument om aan het merkwaardig schepsel zijn moederrol te ontzeggen[106]. Naar mijn mening hebben we hier gewoon te maken met de vrouwelijke tegenhanger van Bes, die de naam Beset draagt. Als deze in sommige voorstellingen de leeuwensnuit van haar mannelijke gezel heeft — ook de jonge Bes draagt reeds de leeuwenmanen van een volwassene —, dan kan men bedenken dat de godin Sechmet eveneens de kop van een leeuw heeft. De moeder van de pasgeboren Bes kan er ook uitzien als een vrouw met een menselijk gelaat. Een Hellenistisch terracotta stelt Beset voor als een vrouw die haar kind geen mooie appel, maar de borst geeft[107] (fig. 56).

De oorsprong van Beset, de vrouwelijke tegenhanger van Bes, is een complexe zaak. Zij kan een afstammelinge zijn van een vrouwelijk schepsel dat afgebeeld is op magische messen van het Middenrijk: dat wezen heeft leeuwenmanen, gespreide en soms kromme benen en houdt een slang in elke hand[108]. Bes, van zijn kant, als bedwinger van de wilde dieren, weert de gevaren af, helpt de barende moeder als beschermer van het nieuwe leven en wordt aldus een god van de slaapkamer. Vandaar dat hij afgebeeld is op talrijke voorwerpen als hoofdsteunen, toiletartikelen, enz. Hij wordt zelf de verwekker van het nieuwe leven. Want de seksualiteit is niet uitsluitend het domein van Hathor, Bes maakt er ook aanspraak op, zoals blijkt uit sommige voorstellingen waar een vrouwelijke gestalte bij Bes staat. Nemen we als voorbeelden de dansende Bes in het Louvre[109] (fig. 57) en de gestuceerde kleivoorstellingen in de zogenaamde „kamers van Bes" die aan het begin van deze eeuw in Saqqara ontdekt werden[110] (fig. 58). Beset is een naakte, vrouwelijke dwerg, die tamboerijn speelt op het reliëf in het Louvre en ze heeft een volledig getatoeëerd en versierd lichaam in de „kamers van Bes"[111]. De volwassen Bes heeft dus een gezellin nodig om te voldoen aan zijn behoefte om bij te dragen tot de vernieuwing van het leven, maar als gevolg daarvan moet hij ook een moeder hebben voor de kleine Bes. Men hoeft er zich niet over te verwonderen dat de vrouw van Bes dikwijls een dwerggestalte heeft, [als vrouwelijke tegenhanger van een misvormde genius]. Zelfs wanneer Beset, zoals Bes, een leeuwengezicht en pluimen heeft, vertoont zij de korte en kromme benen van een dwergvrouw. Een vrij groot recipiënt uit het Middenrijk en bewaard te Leiden[112] (fig. 59) laat toe een band te leggen tussen de vrouwelijke demon van het Middenrijk die misschien aan de oorsprong van Beset ligt, en de oliekruikjes in albast of aardewerk van het Nieuwe Rijk. De naakte, zwangere vrouw houdt inderdaad een slang in elke hand zoals soms ook bij Bes en Beset het geval is.

Bij het begin van deze uiteenzetting heb ik de vraag gesteld welke band er zou kunnen bestaan tussen de dwergvrouw en de steenbok. Het antwoord luidt duidelijk: Bes, de god die enerzijds als beschermer van het nieuwe leven op de schouders van een stevige, naakte dwergvrouw gezeten is[113] (fig. 60), anderzijds op een steenbok of een gazelle staat als meester van de woestijndieren[114] (fig. 61). Het trio „Bes, de dwergvrouw en de steenbok" zijn trouwens verenigd in één beeldje in volgende sculptuur die ik niet zelf vervaardigd heb om mijn betoog te bewijzen, maar die ik in de Egyptische verzameling van het museum van Brussel ontdekt heb[115] (cf. fig. 62).

Toen ik mij ervan bewust werd dat de god Bes de „missing link" tussen de dwergvrouw en de steenbok van de albasten bark van Toetanchamon was, is een idee bij mij opgekomen: bevond er zich onder de talrijke voorwerpen in het graf van de koning ook geen albasten beeld van Bes? Mevrouw Desroches-Noblecourt beschrijft volgend object als een zalfkruik in de vorm van een kwaadafwerende leeuw, die ze identificeert als Mahes, zoon van Sechmet of Bastet[116] (fig. 63). Andere wetenschappers herkennen evenwel Bes in deze leeuw die zijn voorpoot op het teken 𓍱 (= bescherming) laat rusten, zijn tong uitsteekt en een pluimenkroon draagt. Volgens mij kan men nauwelijks de identificatie als Bes in twijfel trekken. De twee opgerichte leeuwen aan weerszijden van Bes op een der bedden van Toetanchamon stellen op hun beurt Bes voor, ditmaal in zijn leeuwengedaante[117].

Toen ik deze twee voorwerpen bekeek, enerzijds de bark op een versierde kist die het meer moet voorstellen waarop het scheepje vaart, anderzijds de opgerichte Bes als leeuw op een sokkel in de vorm van een taboeret, heb ik gedacht dat ze moesten samenhoren: ze hebben ongeveer dezelfde hoogte en men treft dezelfde decoratieve elementen aan. Ik heb dan gezocht naar hun precieze vindplaats in het graf en tot mijn verrassing werden ze naast mekaar gevonden in de kamer die men „de annex" noemt (fig. 64). Deze vaststelling heeft bij mij de laatste twijfel weggenomen. De twee stukken samen vormen wel degelijk een prachtig geheel.

Laten we besluiten. De albasten bark van Toetanchamon, vermoedelijk een recipiënt voor reukwerk, gemonteerd in een bassin om lotussen of andere bloemen in te zetten, en de parfumkruik in de vorm van Bes in leeuwengestalte vormen een dubbel nieuwjaars- en huwelijksgeschenk (of eventueel geboortegeschenk). De koppen van steenbokken aan de voor- en achtersteven van de bark sluiten aan bij een oude Egyptische traditie — ook al gaat het hier om Syrische ibexen — en leggen een band met Hathor. Deze ibexkoppen hebben bovendien dezelfde functie als de andere versieringen aan de uiteinden van de godenbarken, namelijk alle gevaar uit de weg te ruimen. Zij zijn tegelijkertijd, zoals de gazellekoppen, een symbool van verjonging; herinneren we ons de gazelle aan het voorhoofd van de koninklijke concubines, het thema van de woestijndieren en de levensboom, enz., motieven die niet uitsluitend Egypte toebehoren, maar wijzen op banden met het Nabije Oosten. Uitgedrukt in gewone taal zou ik zeggen dat de dwergvrouw de gezellin, de vriendin is van de god Bes, die zich zowel voor de jacht als voor de liefde interesseert. Zijn prooi, het woestijnwild, wordt een trofee, een middel om elke dreiging af te wenden. Een dergelijk geschenk, waarvan de geluksboodschap afleesbaar is in de beeldensymboliek, is werkelijk schitterend, zij het ... dat het in huis toch wel wat veel plaats zou innemen[118].

Addendum

Men vraagt zich misschien af hoe de jacht op woestijnwild te verzoenen is met het respect voor nieuw leven. Een dergelijke problematiek kan ons erg ver voeren, maar ik beperk mij hier tot het aanhalen van twee geschiedenissen. De eerste is ontleend aan het Oude Testament en is algemeen bekend: het is het verhaal van Abraham die zijn enige zoon Izaäk offert, een offer waartoe God een bok of ram in de plaats stelt[119]. De tweede betreft een mirakel in de Egyptische woestijn, vermeld in een rots inschrift uit de 11de dynastie in de Wadi Hammamat: steengroevearbeiders bemerken een gazelle die haar jong op een rots ter wereld brengt. Vervolgens doden ze de moeder om haar aan een god te offeren[120].

Vertaald uit het frans door Peter Dils en Manu Tassier

Noten

De voetnoten, die J. Quaegebeur reeds zeer beknopt had aangeduid, werden door de uitgever verder uitgewerkt en aangevuld. Nieuwe toevoegingen van de hand van de uitgever zijn tussen *vierkante haakjes* geplaatst. Bij het doornemen van het documentatiemateriaal dat door J. Quaegebeur was verzameld, zijn immers nieuwe en bijkomende gegevens aan het licht gekomen die een nuttige aanvulling op het manuscript vormden en de tekst verrijkten.

Gebruikte afkortingen:
ASAE = *Annales du Service des Antiquités de l'Egypte*
BIE = *Bulletin de l'Institut d'Egypte*
BIFAO = *Bulletin de l'Institut Français d'Archéologie Orientale*
CASAE = Cahiers des Annales du Service des Antiquités de l'Egypte
EPRO = Etudes préliminaires aux religions orientales dans l'empire romain
JNES = *Journal of Near Eastern Studies*
LÄ = *Lexikon der Ägyptologie*
MIFAO = Mémoires de l'Institut Français d'Archéologie Orientale
OLA = Orientalia Lovaniensia Analecta
OMRO = *Oudheidkundige Mededelingen van het Rijksmuseum van Oudheden te Leiden*
RdE = *Revue d'Egyptologie*

[1] [Caïro JE 62120 = C(arter) 578 = T 535 (speciale catalogus Toetanchamon), cf. B. PORTER & R. MOSS, *Topographical Bibliography of Ancient Egyptian Inscriptions* ... I, 2, Oxford, 1964, p. 585].

[2] [De bark is eveneens afgebeeld op een egyptianiserend schilderij van Augustin Lesage (Arras 1876 - Caïro 1954), *Les mystères de l'Antique Egypte,* 1930, privé-verzameling].

[3] [Dit zijn de „maximale" afmetingen volgens H. CARTER, *The Tomb of Tut-ankh-Amen.* III, London ..., (1933), p. 128 („27 × 28 inches"); maar op de handgeschreven fiches van Carter, die in het Griffith Institute bewaard worden, vindt men 66,8 cm (hoogte) × 58,3 cm (totale lengte). Ik had zelf niet de gelegenheid om het stuk te meten, maar geschat door de vitrine lijkt de lengte van 58,3 cm aannemelijk. In dat geval kan de hoogte niet 66,8 cm zijn, daar de bark langer is dan hoog. Er is dus een probleem dat men ook niet met behulp van het Journal d'Entrée van het Museum van Caïro kan oplossen, omdat dit de afmetingen van de bark niet vermeldt].

[4] Chr. DESROCHES-NOBLECOURT, *Toutankhamon. Vie et mort d'un pharaon,* (Paris), 1963, p. 95. Nederlandse vertaling: *Toetanchamon. Leven en dood van een farao,* Amsterdam 1963, p. 68-69.
[Deze stok of vaarboom is goed zichtbaar op de foto's genomen door Harry Burton bij de ontdekking van het graf: cf. I.E.S. EDWARDS, *Toutankhamon. Sa tombe et ses trésors,* (Paris, 1978), p. 215 et 223; P. FOX, *Tutankhamun's Treasure,* London ..., 1951, pl. 71; zoals de bark nu tentoongesteld is, houdt de dwergvrouw niets meer in de handen].

[5] J. YOYOTTE, *Trésors des pharaons,* Genève, 1968, p. 128-132 over de afbeelding op p. 126.

[6] Chr. DESROCHES-NOBLECOURT, *op. cit..*, p. 283 (Nederlandse editie, p. 207-8) schrijft: „... Daarom is ongetwijfeld de zuster van koningin Nefertiti, Moetnedjemet, èn zij, die onmiddellijk na de kroning [*sc.* van Horemheb] zijn koningin werd, een en dezelfde persoon. ... Misschien stelt het bekoorlijke vrouwen-

figuurtje haar wel voor, dat gehurkt zit op de voorsteven van de albasten boot met kop van een steenbok, die men teruggevonden heeft in het zijvertrek van het graf. Achter op de boot doet een dwergvrouwtje denken aan het geleide dat zij, die zeker de tweede dochter van Eje en de koninklijke voedster Ti was, altijd bij zich had".

7 [Na het stuk in het museum van Caïro onderzocht te hebben, kan ik verzekeren dat de jonge vrouw wel degelijk naakt is; er is geen spoor, noch geschilderd, noch gegraveerd, van enig kledingstuk; bovendien versterkt de aanwezigheid van oorbellen en van arm- en polsbanden — allen instrumenten van verleiding — het idee dat de dame naakt was (zie daartoe *infra* Naschrift, p. 156)].

8 [M. GABOLDE, *D'Akhénaton à Toutankhamon*, in druk, meent dat het kapsel van de dwergvrouw voorbehouden was aan zeer jonge adolescenten. Daarentegen heeft de dwergvrouw duidelijk het gezicht en de proporties van een volwassene, ook al is de boezem niet erg ontwikkeld].

9 N. de G. DAVIES, *The rock-tombs of El-Amarna.* II, London, 1905, pl. VIII (graf van Panehesy); V, London, 1908, pl. III (graf van May); VI, London, 1908, pl. XVII (graf van Toetoe), XXVI et XXVIII (graf van Ay).

10 P. 223. Er zijn ook Franse, Duitse en Nederlandse edities van het boek uit 1978, met dezelfde titel in de verschillende talen.

[Ziehier wat Carter zelf schreef over de albasten bark: „Ik zou haar een „centraal tafelstuk" noemen (welke andere functie zou zij kunnen gehad hebben?); (de bark,) gesneden in half doorschijnende albast, gegraveerd en beschilderd met rijen fruit en bloemen, (geeft de indruk vervaardigd te zijn) voor een banket of één of andere viering" (H. CARTER, *The Tomb of Tutankhamen.* III, London ..., (1933), p. 127). „Er werd niets gevonden dat enig licht kan werpen op de echte natuur van dit kleine monument; het is een overblijfsel uit vervlogen tijden, [een herinnering] aan gebruiken waarmee we geen verwantschap meer hebben. Mocht zij toevalligerwijze tot de reeks van dodenbarkmodellen behoren, zoals die welke in de „schatkamer" gevonden zijn, dan zou de bark een zuiver ritueel voorwerp zijn dat bij de begrafenis gebruikt was. Maar zij lijkt gewoon een product van de verbeelding te zijn, zoals de kleine zilveren boot van Kamosis en Ahhotep, en daarom ben ik geneigd aan te nemen dat ze een kunstvoorwerp van het paleis was en niet voor een begrafenisritueel werd ontworpen" (*op. cit.*, p. 129-130)].

11 *Toutankhamon. Vie et mort d'un pharaon*, (Paris), 1963, p. 299 (betreffende pl. XXIV, p. 108).

[Het is een zeer verbreid idee, cfr I.E.S. EDWARDS, *Toutankhamon. Sa tombe et ses trésors,* New York, (1978), p. 218, ofwel de prentkaart in 1963 door het Egyptische Ministerie voor Cultuur gepubliceerd om de redding van de Nubische monumenten te steunen, en de commentaren van de gidsen in het Museum van Caïro].

12 D.J. OSBORNE, *Corrections in the Identifications of the Alabaster Ibexes in Tutankhamun's Treasures*, in *JEA* 73 (1987), p. 243-244.

[Echte horens, zelfs bij een jong dier, hebben aan de voorzijde altijd knobbels die hier ontbreken (cfr fig. 9 p. 17 en *infra*, n. 26)].

13 Cl. GAILLARD, *Les tâtonnements des Egyptiens de l'Ancien Empire à la recherche des animaux à domestiquer*, in *Revue d'Ethnographie et de Sociologie*, III, 1912, p. 10 van de overdruk; J. BOESSNECK, *Die Tierwelt des Alten Ägypten,* München, (1988), p. 42 en fig. 28.

[Zie ook M. COUTURIER, *Le bouquetin des Alpes*, Grenoble, 1962, p. 843-877 „Le bouquetin de Nubie et d'Abyssinie, *Capra aegagrus ibex nubiana*". Men moet vooral onthouden dat de Nubische steenbok enkel op de rechteroever van de Nijl voorkomt, van Djebel Attakah tot Sudan (p. 846 en kaart p. 849); dat hij kleiner is dan de alpensteenbok omdat zijn voedsel magerder en minder overvloedig is (p. 851, 873), maar dat hij nauw verwant is met de Syrische ibex (p. 853). M. Couturier noteert in 1962 „dat hij uitgestorven is of bezig is uit te sterven: de steenbokken van het natuurreservaat van Wadi Risj Rasj, op 85 km ten zuidoosten van Caïro, zijn reeds uiterst zeldzaam" (p. 846, 877). Ik heb in 1997, ondanks veel zoeken, in de dierentuin van Caïro niet één enkele steenbok gezien. Maar tot mijn grote verbazing heb ik er enkele gevonden in een privé-dierentuin langs de autosnelweg naar Alexandrië (fig. 9)].

14 [A.C.T.E. PRISSE D'AVENNES, *Histoire de l'art égyptien d'après les monuments*. II, Paris, 1878, pl. 47; C. VANDERSLEYEN et alii, *Das alte Ägypten* (Propyläen Kunstgeschichte, 15), Berlin, 1975, pl. XXIX. Op een foto in A.G. SHEDID, *Die Felsgräber von Beni Hassan in Mittelägypten*, Mainz, 1994, p. 61 herkent men de merktekens op de horens van het dier het best].

15 Deze nota is weggelaten in de nederlandse tekst.

16 [Bijvoorbeeld I. WOLDERING, *L'Egypte des pharaons. Hommes et dieux*, Paris, (1967), pl. I, p. 13 (museum van Hildesheim); H. Kantor, in *JNES* VII (1948), fig. 3 p. 50; H. ASSELBERGHS, *Chaos en beheersing*, Leiden, 1961, pl. VII n° 13 (coll. Mac Gregor); (Tentoonstellingscatalogus) *Nofret - Die schöne. Die Frau im alten Ägypten*, Roemer- und Pelizaeus-Museum Hildesheim, 15. Juli - 4 Nov. 1985, n° 99 p. 18-19 = Hannover, Kestner-Museum, 1954.125].

17 H. ASSELBERGHS, *op. cit.*, n°s 127-128 = pl. LXX-LXXI en p. 330 (het palet werd in Hiërakonpolis gevonden).

18 J. BOESSNECK, *op.cit.*, p. 36, fig. 23.

19 [Bijvoorbeeld W.F. PETRIE, *Medum*, London, 1892, pl. XIV; T.G.H. JAMES, *The Mastaba of Khentika called Ikhekhi*, London, 1953, pl. XVII; W.F. PETRIE, *Deshasheh 1897*, London, 1898, pl. XI (graf van Anta); N. DE G. DAVIES, *The Mastaba of Ptahhetep and Akhethetep at Saqqareh*. II, London, 1901, pl. XVI, XIX. — Zie ook J. VANDIER, *Manuel d'archéologie égyptienne*.V, Paris, 1969, p. 6-8; B. BRENTJES, *Gazellen und Antilopen als Vorläufer der Haustiere im Alten Orient*, in *Wiss. Zeitsch. der M. Luther-Univ. Halle-Wittenberg* Juni 1962, p. 537, 539, 540; D. PATON, *Animals of Ancient Egypt*, San Antonio, 1994 (reprint of de 1925 editie), p. 11: E 18, a].

20 J. VANDIER, *Manuel d'archéologie égyptienne*. IV. *Bas-reliefs et peintures. Scènes de la vie quotidienne*, Paris, 1964, p. 787-833 (= de woestijnjacht, tot aan het Nieuwe Rijk); tome V, Paris, 1969, p. 1-58 (processies van woestijndieren, gemengd met gedomesticeerde dieren).
[Voor de Late Tijd kan men nog citeren: het graf van Petosiris te Toena el-Gebel, cf. *L'Egypte du crépuscule* (L'Univers des Formes, III), Paris, (1980), fig. 76 p. 94; talrijke Ptolemaeïsche tempels, waaronder die van Medamoed].

21 Fig. 7 = B. PORTER & R. MOSS, *Topographical Bibliography* ... VI, Oxford, 1939, p. 181, 1-3; J. DE MORGAN, *Catalogue des monuments et inscriptions de l'Egypte ancienne*. II, 1, Vienne, 1895, p. 62 n° 67. De drie gehoornde dieren worden niet alleen voorgeleid door de offerdrager, maar ze zijn nogmaals alle drie afgebeeld op het blad dat hij in zijn handen houdt.
[Ik dank Sylvie Cauville voor de identificatie van deze foto van J.Q.].

22 [Bijvoorbeeld op een halfcirkelvormige „toiletkoffer" uit Sedment, nu bewaard in Manchester (Inv. 6975, cfr foto FERE 21651). Voor een synthese-onderzoek van dergelijke koffers, zie A. Herbert, *Les boîtes de toilette cylindriques et semi-cylindriques des XVIIIe et XIXe dynasties*, licentieverhandeling voorgelegd in 1979 aan de Université catholique de Louvain, ongepubliceerd].

23 [M. Couturier, *op. cit.*, p. 875-6: „bedoeïenen eten de steenbok"; W. DARBY, P. GHALIOUNGUI & L. GRIVETTI, *Food: The Gift of Osiris*. I, London ..., 1977, p. 224: „de opname van deze dieren (= gazelle en kalf) bij het voedsel dat in de processie geofferd werd, ondersteunt de veronderstelling dat zij gegeten werden"; B. BRENTJES, *loc. cit.*, p. 537: „antilopevlees is zeer smakelijk"; Cl. GAILLARD, *loc. cit.*, 1912,

p. 10 en fig. 9 et 10: „Het vlees van de steenbok, dat erg gewaardeerd wordt, maakte van hem vroeger, zoals nu nog, een gezochte jachtbuit; het is daarom zeer waarschijnlijk dat hij tot de eerste dieren behoorde die de Egyptenaren hebben proberen te temmen". — Volgens mij werden de steenbokken door de Egyptenaren slechts zelden vetgemest en gegeten, dit in tegenstelling tot wat men in het Nabije Oosten vaststelt (B. BRENTJES, *loc. cit.*, p. 538-9, 542). Het reliëf in de mastaba van Mereroeka waarop men het vetmesten van deze dieren ziet (P. DUELL, *Mereruka*. II, Chicago, 1938, pl. 153) toont uitgerekend ook dat van het vetmesten van hyena's, wat zeer uitzonderlijk is. Meestal worden steenbokken, gazellen en oryxen in processie afgebeeld, maar vindt men ze niet in afbeeldingen van veeteelt. Vgl. ook L. KEIMER, *Interprétation de quelques passages d'Horapollon* (CASAE, 5), Le Caire, 1947, p. 16 en n. 1: „de Egyptenaren hebben pogingen ondernomen om een aantal wilde dieren — waaronder de steenbok — te temmen, maar ze hebben dit al vlug opgegeven"].

24 De steenbok werd nog om een andere reden gejaagd: men gebruikte zijn horens om er samengestelde bogen van te maken. Aldus kan een der registers van de stèle van Nofir-sehoe (ten tijde van Echnaton), bewaard in het Louvre (A. MORET, *Revue arch.* 34, 1899, p. 231-239), door vergelijking met Thebaanse schilderingen geïnterpreteerd worden als een atelier waar bogen vervaardigd werden (S. Wachsmann, *Aegeans in the Theban Tombs*, OLA 20, Leuven, 1987, p. 78-92). Het personnage in het midden van het register schijnt iets vast te houden waarvan het bovendeel een ibexhoorn kan zijn [Zie ook G. ANDREU *et aliae, L'Egypte ancienne au Louvre,* Paris, 1997, p. 136, Inv. C 259]. Een der koninklijke bogen die in het graf van Toetanchamon gevonden werden, is versierd met de voorstelling van de jacht op de Nubische steenbok.

25 [Of in een privé-dierentuin nabij Wadi Natroen, cf. fig. 9].

26 [M. COUTURIER, *Le bouquetin des Alpes*, Grenoble, 1962, pl. LXXXVII, LXXXVIII et p. 861: „Er zijn één of twee van deze sterk uitspringende knobbels per leeftijdsfase, wat toelaat de ouderdom van het dier te bepalen (wanneer er twee knobbels per leeftijdsfase zijn, dan zijn ze dichter bij mekaar geplaatst dan de andere). Er zijn nooit meer dan 22 knobbels en soms stelt men een asymmetrie in het aantal uitsteeksels tussen beide horens vast"; p. 863 „De horens van het wijfjesdier zijn kort, dun, lopen weinig uiteen en zijn nauwelijks naar achteren gebogen; ze hebben geen uitstekende knobbels op de voorzijde" (zie onze fig. 9)].

27 Inv. 11404, cf. *Staatliches Museum zu Berlin. Ägypten und das Berliner Ägyptische Museum,* Berlin, 1954, n° 21 p. 96 (ca. 500); B. LANDSTRÖM, *Ships of the Pharaohs*, London, 1970, p. 140-141, fig. 409: „De met goud ingelegde bronzen kop van een ibex die in Oost-Berlijn bewaard wordt, stamt vermoedelijk uit de vijfentwintigste dynastie. Hij heeft waarschijnlijk de boeg van een godenbark, of in elk geval een boot met een godsdienstige functie, getooid. Het is niet bekend dat de ibex een specifieke god voorstelde, en hij werd in religieuze context waarschijnlijk enkel als offerdier gebruikt"; *Ägyptisches Museum. Staatliche Museen zu Berlin, Stiftung Preussischer Kulturbesitz*, Mainz, 1991, p. 235, n° 142: „Dit object komt misschien uit Horbeit of Tell Basta en dateert waarschijnlijk uit de XIXde/XXste dynastie".

28 Dit stuk werd mij gesignaleerd door mevrouw Marie-Paule Vanlathem, die ik hierbij dank.

29 [Het gaat hier niet om een voorwerp van dezelfde kwaliteit als de bark van Toetanchamon; bovendien was het voor de beeldhouwer wellicht veel moeilijker om een dermate breekbaar element als de horens los te maken van het geheel. N. Reeves, die de inventariskaarten van de Egyptische verzameling van Freud heeft opgesteld, meent dat het een vervalsing is. Het zou me toch verwonderen dat een vervalser een dergelijk zeldzaam detail als de koppen van steenbokken aan voor- en achtersteven van de boot zou hebben willen namaken. Bovendien komt de stijl van het stuk goed overeen met die van de dodenbarken

van de Eerste Tussenperiode en van het Middenrijk. Tenslotte heeft de steenbok van het kleine bronsje dat in dit boek is afgebeeld als fig. 62 net zoals hier, de horens teruggeplooid op de schedel].

[30] F. DAUMAS, *Les propylées du temple d'Hathor à Philae*, in *ZÄS* 95 (1969), p. 10 en n. 65.

[31] F. DE CENIVAL, *Le mythe de l'œil du soleil* (Demotische Studien, 9), Sommerhausen, 1988, p. 67, kol. 21, 8-9, 22-23; H. JUNKER, *Der Auszug der Hathor-Tefnut aus Nubien*, Berlin, 1911, p. 46.

[32] D. VALBELLE, *Satis et Anoukis*, Wiesbaden, 1981, p. 118 en 124; B.E.J. PETERSON, *Zeichnungen aus einer Totenstadt*, Stockholm, 1973, pl. 19, p. 77 (= ostracon van Amenemipet uit Deir el-Medina, nu in Stockholm O.29MM 14011).

[33] [D. VALBELLE, *op. cit.*, p. 120].

[34] [Volgens B. BRUYERE, *Rapport sur les fouilles de Deir el-Medineh (1935-1940)*, fasc. 2 (FIFAO XX/2), Le Caire, 1952, p. 7, komt het dier „uit de granieten chaos van Assoean" te voorschijn].

[35] Caïro JE 43660, cf. J.-P. CORTEGGIANI, (Tentoonstellingscatalogus) *Centenaire de l'Institut français d'archéologie orientale*, Le Caire, 1981, n° 51 p. 74-5.

[36] Caïro JE 26227, cf. G. MASPERO, *Les momies royales de Deir el Bahari* (MMAF, 1), Paris, 1889, pl. 21b en p. 582: „Een doodskist in de vorm van een gazelle bevat de mummie van een ingewikkelde gazelle. Dit is één of ander troeteldier dat in de put werd bijgezet samen met het lichaam van zijn meesteres", geciteerd door K.A. KITCHEN, *The Third Intermediate Period in Egypt (1100-650 B.C.)*, Warminster, (1973), § 48, n. 278.

[37] B. PORTER & R. MOSS, *Topogr. Bibl.* I, 2, p. 628; H.E. WINLOCK, *Excavations at Deir el Bahari 1911-1931*, New York, 1942, p. 98 en pl. 90 = *Bull. of the MMA* 19 (1924), Part II, p. 30 fig. 35; geciteerd door K.A. KITCHEN, *ibidem*.

[38] M. EL-AMIR, *A Family Archive from Thebes*, Cairo, 1959, p. 110 (P. Phil. XXIV § 3: *t ḥt n gḥs.w*).

[39] G. DARESSY, *La gazelle d'Anoukit*, in *ASAE* 18 (1919), p. 77 (er is sprake van duizenden graven van gazellen); D. VALBELLE, *op. cit.*, § 29 p. 107; Cl. GAILLARD en G. DARESSY, *La faune momifiée de l'antique Egypte* (Cat. gén. du Musée du Caire), Le Caire, 1905, n°s 29511, 29513-15, 29528 (herkomst: Kom-Mereh = Komir), 29512 (herkomst: Kom Ombo); Dr LORTET en Cl. GAILLARD, *La faune momifiée de l'ancienne Egypte*. I, Lyon, 1905, p. 78-86 (Kom Mereh, Kom Ombo, Toena).

[40] H. BEHRENS, *Neolithisch-frühmetallzeitliche Tierskelettfunde aus dem Nilgebiet und ihre religionsgeschichtliche Bedeutung*, in *ZÄS* 88 (1963), p. 76.

[41] *Loc. cit.*, p. 80. — Er zijn gevallen bekend waar de dode in de huid van een antilope gewikkeld werd. Dit kondigt het begrafenisgebruik aan dat later bekend is voor de Aziatische bedoeïenen door het verhaal van Sinoehe, tot wie men zegt: „[jij,] jij zult niet in een schapenhuid gestoken worden" (G. LEFEBVRE, *Romans et contes*, Paris, 1949, p. 17). Men kan ook de *oet*-huid vermelden, gemaakt van antilopeleder, die een heilig omhulsel is voor de goddelijke lichaamssappen (J.-Cl. GOYON, *Momification et recomposition du Corps Divin: Anubis et les canopes*, in *Funerary Symbols and Religion. Essays dedicated to Prof. M.S.H.G. Heerma van Voss*, Kampen, 1988, p. 37 en p. 42 n. 29). Zou er geen verband zijn tussen het offer van de antilopehuid en het slachtofferen van de oryx, dat we verderop zullen bespreken? Maar deze hypothesen zouden ons te ver van ons onderwerp verwijderen.

[42] Ahmad EL-SAWI, *Excavations at Tell Basta. Report of Seasons 1967-1971 and Catalogue of Finds*, Prague, 1979, p. 76 en n°s 171-172.

[43] A. GARDINER, *The goddess Nekhbet at the Jubilee Festival of Ramesses III*, in *ZÄS* 48 (1911), p. 47-51 (het gaat om een voorstelling in het graf van Setaoe, hogepriester van Nechbet, te Elkab).

[44] Soms herkent men een runderkop naast een antilopekop. Gaat het hier om geslachtofferde dieren wier kop men als een soort trofee aan de boeg van een schip bevestigde?

[45] B. LANDSTRÖM, *Ships of the Pharaohs*, London, 1970, p. 16-17; H.A. WINCKLER, *Rock Drawings of Southern Upper Egypt (including Uwenat)*. I (ASE - Mem. 12), London, 1938, pl. XIII, n° 34 (M 406a); F. EL-YAKHY, *Clarifications on the Gerzean Boat Scenes*, in *BIFAO* 85 (1985), pl. 34 n°s 20-22 = A.E.J. HOLWERDA, P.A.A. BOESER, J.H. HOLWERDA, *Beschrijving van de egyptische verzameling in het Rijksmuseum van Oudheden te Leiden*, Leiden, 1905, pl. I, fig. 18 (Inv. F 1901/9 - 89), pl. II, fig. 3 (Inv. F 1901/9 - 91) en p. 8 (=voorstellingen op vazen).

[46] H. ASSELBERGHS, *Chaos en beheersing*, Leiden, 1961, n° 55 pl. XXXVIII (laatste register beneden); B. LANDSTRÖM, *op. cit.*, n° 18 p. 14; G. BENEDITE, *Le couteau de Gebel el-Arak*, in *Mon. Piot* XII (1916), fig. 9 p. 19; U. SIEVERTSEN, *Das Messer vom Gebel el-Arak*, in *Baghdader Mitteilungen* 23 (1992), p. 17, 43 en pl. 2b.

[47] [Een ander voorbeeld: op het piramidion van Ipoeï uit Deir el-Medina, cfr B. BRUYERE, *Rapport sur les fouilles de Deir el-Medineh (1923-1924)* (FIFAO II, 2), Le Caire, 1925, pl. VII].

[48] [Bijvoorbeeld op de stele van Neferrenpet uit Deir el-Medina, die in Turijn bewaard wordt (E. DELANGE, *Le Scribe Nebmeroutef*, Paris, 1996, fig. 33 p. 36)].

[49] G. JEQUIER, *Matériaux pour servir à l'établissement d'un dictionnaire d'archéologie égyptienne*, in *BIFAO* XIX (1922), p. 165-6.

[50] A. ERMAN & H. GRAPOW, *Wörterbuch der äg. Sprache*. I, 173. Zie ook L. KEIMER, *Interprétation de plusieurs passages d'Horapollon* (CASAE 5), Le Caire, 1947, p. 11 en n. 2.
[Voor nog meer bijzonderheden, zie *Fouilles de Kition*. II. *Objets égyptiens et égyptisants*, Nicosia, 1976, p. 238].

[51] [L. KEIMER, *op. cit.*, p. 2-3; de volgende bladzijden bevatten voorbeelden uit de pre-Ptolemaeïsche Periode waar het teken van de plantennerf vervangen is door de hiëroglief van de steenbok].

[52] [Andere voorbeelden: H. BRUNNER, *Die südliche Räume des Tempels von Luxor* (Arch. Ver., 18), Mainz, 1977, pl. 74, 196; A. CALVERLEY, *Abydos* IV, London, 1958, pl. 7; *The Tomb of Kheruef. Theban Tomb 192* (Oriental Institute Publications, 102), Chicago, 1980, pl. 26].

[53] [Zoals de horens van de steenbok die elk jaar één (of twee) nieuwe knobbel(s) krijgen].

[54] F. DAUMAS, *Valeurs phonétiques des signes hiéroglyphiques d'époque gréco-romaine*. I, Montpellier, 1988, p. 219 n° 157 [het gaat om een rund met liervormige horens, dat wellicht verward werd met het teken n° 263].

[55] L. KEIMER, *op. cit.*, p. 3.

[56] Caïro JE 62122 = C(arter) 584 = T 545, cf. PORTER & MOSS, *Topographical Bibliography...* I, 2, Oxford, 1964, p. 580; Chr. DESROCHES-NOBLECOURT, *Toutankhamon. Vie et mort d'un pharaon*, (Paris), 1963, p. 303 (hoogte 27,5 cm, breedte 18, 5 cm, lengte 38, 5 cm); I.E.S. EDWARDS, *Toutankhamon. Sa tombe et ses trésors*, Paris, (1978), p. 219.

[57] Figuur 22 is gepubliceerd in J. VANDIER D'ABBADIE, *Catalogue des objets de toilette du musée du Louvre*, Paris, 1972, n° OT 598; *Encyclopédie photographique de l'art. Musée du Louvre*, Ed. Tel, p. 70a; (Tentoonstellingscatalogus) *Amenophis III. Le Pharaon-Soleil*, Paris, 1993, n° 86 p. 318 en n. 1 (de auteur citeert verschillende gelijkaardige stukken).

[58] [Men kan talrijke andere voorbeelden toevoegen bij de hier afgebeelde: Hannover 1935.200.147 (I. WOLDERING, *Ausgewählte Werke der ägyptischen Sammlung*, Hannover, 1955, fig. n° 41); Toledo 1953.152 (Tentoonstellingscatalogus *Amenophis III. Le Pharaon-Soleil*, Paris, 1993, n° 72 p. 301); Boston 24.879 (Tentoonstellingscatalogus *Africa in Antiquity*. I, Brooklyn, 1978, p. 83); J. VANDIER D'ABBADIE, *Musée du Louvre. Catalogue des objets de toilette égyptiens*, Paris, 1972, n[os] OT 65 tot 69, 71, p. 29-31, n°s 120, 121, p. 45; G. STEINDORFF, *Die Kunst der Aegypter*, Leipzig, 1928, pl. 285a (Eton College, Groot Brittannië).

Zie ook de uitvoerige bibliografie over dit soort voorwerpen bij J. LECLANT, *A propos d'une terre cuite de Bès à l'oryx*, in *Hommages à Lucien Lerat. Annales Littéraires de l'Université de Besançon*, 294 (1984), p. 413].

59 [Naast de hierboven vermelde zaken vindt men op deze schaal ook alle andere vaste thema's van de „iconografie van de wedergeboorte": de eendekop aan het uiteinde van het muziekinstrument, de „zalfkegel" op het hoofd van de jonge vrouw, de wingerd, papyrusplanten en lotusbloemen].

60 **A)** Een schaal uit het graf van Maherpra in de Vallei der Koningen: E.-C. STRAUSS, *Die Nunschale - Eine Gefässgruppe des Neuen Reiches* (MÄS 30), München, 1974, p. 22 fig. 20; G. DARESSY, *Fouilles de la Vallée des Rois* (Cat. gén. du Musée du Caire, n°s 24001-24990), Le Caire, 1902, pl. VI n° 24058; W. KRÖNIG, *Ägyptische Fayence-Schalen des Neuen Reiches*, in *MDAIK* 5 (1934), p. 164, Abb. 30; G. STEINDORFF, *Die Kunst der Aegypter*, Leipzig, 1928, Abb. 275; **B)** een schaal uit Goerob die een zogende gazelle toont: W.F.P. PETRIE, *Illahun, Kahun and Gurob*, London, 1891, pl. XX n° 5; O. KEEL, *Das Böcklein in der Milch seiner Mutter und Verwandtes* (Orbis Biblicus Orientalis, 33), Freiburg-Göttingen, 1980, fig. 50 p. 87); **C)** Berlijn 16774 (schaal met meerdere gazellen, cfr F. MATZ, *Frühgriechische Siegel*, Berlin, 1928, p. 44-5, fig. 11).

Voor dit in de Egyptische kunst zeer gebruikelijke thema van het dier dat haar jong voedt, zie O. KEEL, *op. cit.*

61 [Naast de vazen in de vorm van een steenbok die hierna door J.Q. bestudeerd worden, bestaan er eveneens vazen waarvan enkel de oren de vorm van steenbokkoppen hebben (cfr Postface, fig. 71-72 en p. 148) en zijn er talloze vazen waarop een steenbok enkel geschilderd is of in reliëf uitgewerkt. Aan deze aardewerken kruiken moet men ook nog het vaatwerk in kostbaar metaal toevoegen, dat afgebeeld is te midden van het tribuut van Syrië en dat versierd is met sterk naar voren springende bovenlijven van steenbokken (J. LECLANT, *loc. cit.*, p. 410 et n. 16, 17)].

62 Bijvoorbeeld Brit. Mus. GRA 50.2-27.58 (*Fouilles de Kition.* II. *Objets égyptiens et égyptisants*, Nicosia, 1976, pl. XXXI, n° 4-5). De vaas komt uit Vulci in Etrurië.

[Bij het door J.Q. geciteerde voorbeeld, kan men een vaas toevoegen die *verwant* is met de nieuwjaarsflesjes (omdat zij vier steenbokkoppen bevat, terwijl men normalerwijze slechts twee dieren heeft aan weerskanten van de hals): L. KEIMER, *Interprétation de plusieurs passages d'Horapollon* (CASAE, 5), Le Caire, 1947, p. 10 fig. 7; of nog volgende zogezegde nieuwjaarsvaas: Berlijn 14500, cfr *Ägyptisches Museum. Staatliche Museen zu Berlin, Stiftung Preussischer Kulturbesitz,* Mainz, 1991, n° 108 p. 180].

63 ÄS 2729, cf. *Staatliche Sammlung Ägyptischer Kunst*, 2. erweiterte Auflage, München, 1976, p. 108 met fig.; (Tentoonstellingscatalogus) *Meisterwerke altägyptischer Keramik. 5000 Jahre Kunst und Kunsthandwerk aus Ton und Fayence,* Höhr-Grenzhausen, Rastal-Haus, 16 sept.-30 Nov. 1978, Montabaur, 1978, n° 274 p. 171 en pl. VII; *Staatliche Sammlung Ägyptischer Kunst München*, Mainz, 1995, fig. 110, p. 99 (herkomst onbekend). De pasta is rood en fijn.

64 *Un siècle de fouilles françaises en Egypte 1880-1980* (Exposition, Paris, Palais de Tokyo, 21 mai - 15 octobre 1981), Le Caire - Paris, 1981, p. 226-227 n° 255; H. GAUTHIER, *BIFAO* VI (1908), p. 144-5, pl. III: „het gaat om een zeer fijne terracotta, overdekt met een blinkende vernis". — Een andere vaas in de vorm van een steenbok (ditmaal met samengebonden poten) wordt in Brussel (E 6729) bewaard, cf. M. WERBROUCK, *Département égyptien. Album*, (Bruxelles), 1934, pl. 81.

[Zie ook L. KEIMER, *op. cit.*, p. 14 n. 4 en 5].

65 *Un siècle de fouilles françaises en Egypte 1880-1980* (Exposition, Paris, Palais de Tokyo, 21 mai - 15 octobre 1981), Le Caire - Paris, 1981, p. 227: „De aanwezigheid van twee hertenkalfjes en het glanzend karakter van het oppervlak brengen ons ertoe dit voorwerp in verband te brengen met een reeks antropomorfe vazen die een vrouw met haar kind voorstellen. Deze laatste werden gebruikt om melk in te bewaren".

[66] Ik verkies de naam Amenhotep boven de foutieve vorm Amenophis, cfr J. QUAEGEBEUR, *Amenophis, nom royal et nom divin. Questions méthodologiques*, in *RdE* 37, 1986, p. 97-106 (in het bijzonder p. 106).

[67] [Hier stond enkel de naam van J. LECLANT in het manuscript. In de artikels van deze laatste die betrekking hebben op het voeden met melk, drukt de auteur het idee dat J.Q. naar voren brengt niet expliciet uit. Aangezien melk echter opwekkende eigenschappen heeft en borstvoeding verschillende overgangen („passages") toelaat, zoals Leclant onderstreept, moet het eveneens mogelijk zijn om de „passage" van nieuwjaar, van het ene jaar in het andere, te maken (*Le rôle du lait et de l'allaitement d'après les Textes des Pyramides*, in *JNES* X (1951), p. 123-7; *Le rôle de l'allaitement dans le cérémonial pharaonique du couronnement,* in *Akten des XXIV. Intern. Oriental. Kongresses, München, 1957*, Wiesbaden, 1959, p. 69-71; *The Suckling of the Pharaoh as a Part of the Coronation Rites*, in *Abstracts of the IXth Intern. Congress for the History of Religions, Tokyo, 1958*, p. 224-5; *Le rôle de l'allaitement dans le cérémonial pharaonique du couronnement,* in *Proceedings of the IXth International Congress for the History of Religions, Tokyo and Kyoto 1958*, Tokyo, 1960, p. 135-145)].

[68] *L'Empire des Conquérants. L'Egypte au Nouvel Empire (1560-1070)* (L'Univers des Formes) (Paris, 1979), p. 245 fig. 248.

[Andere voorbeelden: Moskou, Poesjkinmuseum 3632, cf. E. BRUNNER-TRAUT, *Die alten Ägypter,* Stuttgart ..., (1974), p. 66; BM EA 24652 en 54694, cf. G. ROBINS, *Reflections of Women in the New Kingdom. Ancient Egyptian Art from the British Museum* (Exhibition, M.C. Carlos Museum, Emory University, Febr. 4 - May 4, 1995), San Antonio, 1995, nrs. 39, 40 p. 74-76, en *Fouilles de Kition.* II. *Objets égyptiens et égyptisants,* Nicosia, 1976, pl. XXXII n° 3; Berlijn 14476, cf. S. WENIG, *Die Frau im alten Ägypten*, Leipzig, (1967), n° 47 (ill.); Louvre AF 1660 en E 11276, cf. Chr. DESROCHES-NOBLECOURT, *Pots anthropomorphes et recettes magico-médicales dans l'Egypte ancienne*, in *RdE* 9 (1952), p. 49-67 en in het bijzonder p. 62 voor het gebruik van dit type van vaatwerk (de auteur citeert nog andere voorbeelden)].

[69] BM EA 58793, Nieuwe Rijk, cfr G. ROBINS, *op. cit.*, n° 41 p. 77.

[70] Bijvoorbeeld Caïro JE 63753, cf. (J.-P. CORTEGGIANI), *Centenaire de l'Institut Français d'Archéologie Orientale* (Exposition, Musée du Caire, 8 janvier - 8 février 1981), Le Caire, 1981, p. 38 en 40, en B. BRUYERE, *Rapport sur les fouilles de Deir el-Medineh 1934-1935.* 2e partie. *La nécropole de l'est* (FIFAO, XV), Le Caire, 1937, p. 81, 84-6, 184, fig. 40, 42, 103; p. 184-7, fig. 103; Louvre E 14468bis en N 1485, cf. J. VANDIER D'ABBADIE, *op. cit.*, n^os^ OT 580 en 581, p. 134-5.

[Zie ook Brooklyn 49.53, cf. (Tentoonstellingscatalogus) *Egypt's Golden Age: The Art of Living in the New Kingdom,* Boston, Museum of Fine Arts, Febr. 3 - May 2, 1982, n° 402 p. 292; Ch. DESROCHES-NOBLECOURT, *loc. cit.*, p. 63 n. 2 en 3 (met verdere voorbeelden); E. BRUNNER-TRAUT, *Horn als Gefäss*, in *LÄ* III, Wiesbaden, 1980, kol. 8-9. — Voor B. BRUYERE, *op. cit.*, p. 84-6, bevatten deze horens oogwater; G. BENEDITE beschouwde hen als olieflesjes („burettes à huile") (*La corne récipient dans l'ancienne Egypte*, in *Revue d'Ethnographie*, 1ère année, t. II, 1920, p. 86); Ch. DESROCHES-NOBLECOURT, *Pots anthropomorphes et recettes magico-médicales dans l'Egypte ancienne*, in *RdE* 9 (1952), p. 66-7, meent dat de horens, die als druppeltellers konden gebruikt worden, moesten dienen voor vaginale injecties en dat ze verband hielden met een gynaecologische behandeling (Bénédite noteert trouwens dat in de meeste gevallen de horens in graven van vrouwen werden teruggevonden). E. BRUNNER-TRAUT, *Gravidenflasche. Das Salben des Mutterleibes,* in A. & E. KUSCHKE (edit.), *Archäologie und Altes Testament. Festschrift für Kurt Galling*, Tübingen, 1970, p. 43-46 geeft een overzicht van al de interpretaties die tot dan toe van deze horens werden gegeven; ze besluit dat het moet gaan om recipiënten die moringa-olie (tegenwoordig behenolie genoemd) bevatten die moest dienen om de zwangerschapsstriemen van de vrouwen te verzorgen. Voor moringa-olie, zie R. GERMER, *Öle*, in *LÄ* IV, 1982, kol. 552; EADEM, *Moringaölbaum, loc. cit.,* kol. 206-7].

71 [E. BRUNNER-TRAUT, *loc. cit.*, p. 45].

72 Caïro JE 34403, uit Abydos, 18de dynastie, cf. *La femme au temps des pharaons* (Exposition, Bruxelles, Musées royaux d'art et d'histoire, 30/11/1985 - 28/2/1986), (Le Caire-Mayence), 1985, n° 7 p. 25.

73 [Bijvoorbeeld Berlijn 24018 (S. Wenig, *Die Frau im alten Ägypten,* Leipzig, 1967, n° 47); Tübingen 967 (E. BRUNNER-TRAUT & H. BRUNNER, *Die ägyptische Sammlung der Universität Tübingen*, Mainz, 1981, p. 126 en pl. 96); Boston 02.525 (Tentoonstellingscatalogus) *Egypt's Golden Age*, Boston, 1982, n° 404 p. 293: bemerk dat de zwangere vrouw hier een Hathorpruik draagt; Brooklyn L 60.7 (*Fouilles de Kition.* II. *Objets égyptiens et égyptisants*, Nicosia, 1976, pl. XXXII n° 4-5: de zwangere vrouw houdt een hoorn met olie in de handen (cf. hierboven); Chicago Or. Inst. 11313, cf. (Tentoonstellingscatalogus) *Mistress of the House, Mistress of Heaven,* Cincinnati Art Museum, 20 Oct. 1996 - 5 Jan. 1997, 1997, p. 63. Voor een inventaris van deze vazen, zie E. BRUNNER-TRAUT, *Gravidenflasche. Das Salben des Mutterleibes*, in A. und E. KUSCHKE (ed.), *Archäologie und Altes Testament. Festschrift für Kurt Galling*, Tübingen, 1970, p. 36-39].

J. Q. Men kan in dit verband de twee schitterende albasten vazen van een wijfjesaap die haar jong omklemt vermelden, die Michel Valloggia in mastaba V van Balat een tiental jaren geleden ontdekt heeft (M. VALLOGGIA, *Deux objets thériomorphes découverts dans le mastaba V de Balat*, in *Livre du Centenaire de l'IFAO*, Le Caire, 1980, p. 143-151). — De tijd ontbreekt om uit te wijden over de symboliek van de aap [zie M. VALLOGGIA, *BIFAO* 93, 1993, p. 401 sq.].

74 [Dit idee was reeds uitgedrukt door L. KEIMER, *op. cit.,* p. 14: „Moet men de beroemde albasten bark opvatten als een geschenk dat de koning ter gelegenheid van de nieuwjaarsfeesten gekregen had, zoals een reeks voorwerpen die in het graf van Kenamon zijn afgebeeld? Ik moet toegeven dat deze interpretatie me mogelijk en zelfs waarschijnlijk schijnt"].

75 Chr. DESROCHES-NOBLECOURT, *Le vase de mariage du roi Niqmad d'Ugarit avec une princesse égyptienne,* in Cl. SCHAEFFER, *Ugaritica* III, Paris, 1956, p. 180-220 + fig. 118 p. 165; EADEM, *Toutankhamon. Vie et mort d'un pharaon*, Paris, 1963, p. 279 (fig. 181) specifieert dat het voorwerp zich nu in het museum van Damascus bevindt.

76 Egyptische documenten uit de Amarnaperiode tonen geregeld een koningin die een vloeistof voor haar echtgenoot uitschenkt (of omgekeerd): Chr. DESROCHES-NOBLECOURT, *op. cit.*, p. 205 fig. 126 (in graf n° 2 van el-Amarna giet Nefertiti voor Echnaton een drank door een filter), p. 147 fig. 85 (een koningin met de *chepresj*-kroon schenkt een koning te drinken op een onafgewerkt reliëf dat in Berlijn bewaard wordt), pl. IXa (vergulde naos van Toetanchamon: de koning schenkt een drank aan zijn echtgenote Anchesenamon).

77 Zij houdt twee Hathorsymbolen in haar handen: sistrum en *menat*-halssnoer.

78 Hij werd ontdekt in het „graf van de drie prinsessen" in een kleine vallei in de Thebaanse necropool, de Wadi Gabbanet el-Qoeroed (B. PORTER & R. MOSS, *Topographical Bibliography* I, 2, Oxford, 1964, p. 591-592). Zie W. HAYES, *The Scepter of Egypt.* Part II, Cambridge, 1959, p. 130-133, en H.E. WINLOCK, *The Treasure of three Egyptian Princesses* (The MMA Department of Egyptian Art, 10), New York, 1948, p. 16-17 en pl. VI, VII.

79 MMA 68.136.1c, cf. C. VANDERSLEYEN et al., *Das alte Ägypten* (Propyläen Kunstgeschichte, 15), Berlin, 1975, fig. 395a, p. 390 (zou afkomstig zijn uit Silhija, bij Tanis?); P.F. HOULIHAN, *The Animal World of the Pharaohs*, Cairo, 1996, fig. 47 p. 64.

[Aan de drie voorbeelden die J.Q. citeert, kan men volgende toevoegen: A. YOUSSEF, in *ASAE* 48 (1948), pl. V rechts (= graf van Païry TT 139; de foto is niet erg leesbaar, maar B. PORTER & R. MOSS, *Topogr. Bibl.* I, Oxford, 1960, p. 253 (I) beschrijven de jonge vrouw als een „royal concubine"); twee dochters van Ramses II, Meritamon en Bentanta, op een nu verdwenen tempel van Ramses II te Elkab (A. WILKINSON, *Ancient Egyptian Jewellery,* London, (1971) p. 117 fig. 51, cf. B. PORTER & R. MOSS, *op. cit.* V, Oxford, 1937, p. 175). — Het is interessant vast te stellen dat de zetel van Satamon, de vaas uit Oegarit en de graven van Menna en Païry, allen uit of omstreeks de tijd van Amenhotep III stammen (Ik ben er niet van overtuigd dat Ahmes Nefertari in het graf van Tetiky n° 15 een gazellekop op het voorhoofd heeft, zoals L. TROY, *Patterns of Queenship*, Uppsala, 1986, p. 129 denkt). Bovendien hebben prinses Satamon en de dochters van Menna en van Ramses II allen sistrum en *menat*-snoer in de handen. Deze voorwerpen, en soms ook de titels van de prinsessen, duiden op banden met de godin Hathor (B. RADOMSKA, *Gedanken zum Lehnstuhl der Königstochter Sat-Amun, CG 51113*, in *Religion und Philosophie im Alten Ägypten. Festgabe für Ph. Derchain* (OLA, 39), Leuven, 1991, p. 269-271].

80 C. ALDRED, *Jewels of the Pharaohs*, London, 1971, p. 204, geciteerd door L. TROY, *op. cit.*, p. 129 en E. FEUCHT in C. VANDERSLEYEN et alii, *Das alte Ägypten*, Berlin, 1975, p. 390.

81 A.M. DONADONI ROVERI (onder leiding van). *Civilisation des Egyptiens. Les croyances religieuses*, Torino, (1988), p. 169 fig. 231 (=CGT 50066).

82 W.K. SIMPSON, *Reschef,* in *LÄ* V, Wiesbaden, 1984, kol. 245.

83 E. BRUNNER-TRAUT, *Gazelle,* in *LÄ* II, Wiesbaden, 1977, kol. 426-427, n. 16; L. TROY, *Patterns of Queenship*, Uppsala, 1986, p. 130.

84 S. HODJASH en O. BERLEV, *The Egyptian Reliefs and Stelae in the Pushkin Museum of Fine Arts, Moscow,* Leningrad, 1982, cat. 182.

85 [Ditzelfde thema vindt men op een gouden amulet in het museum van Hildesheim (Inv. 5922, 18de/19de dynastie), cf. *Pelizaeus-Museum Hildesheim. Die ägyptische Sammlung* (Zaberns Bildbände zur Archäologie, 12), Mainz, 1993, p. 68 fig. 62].

86 Caïro JE 72024, afkomstig uit Deir el-Medina, cf. B. BRUYERE, *Rapport 1935-1940*, fasc. 2. *Trouvailles d'objets* (FIFAO, XX), Le Caire, 1952, p. 42, 72-3 (n° 118), pl. XXXIX; J.-P. CORTEGGIANI, *Centenaire de l'Institut Français d'Archéologie Orientale* (Exposition, Musée du Caire, 8 janvier - 8 février 1981), Le Caire, 1981, p. 64 n° 45.

87 Chr. KEPINSKI, *L'arbre stylisé en Asie occidentale au 2e millénaire avant J.-C.* (Recherche sur les civilisations. Cahier, 7), Paris, 1982 (de auteur citeert enkele egyptische documenten); E. HERMSEN, *Lebensbaumsymbolik im alten Ägypten*, Köln, 1981.
[Zie ook H. DANTHINE, *Le palmier-dattier et les arbres sacrés dans l'iconographie de l'Asie occidentale ancienne* (Bibliothèque archéologique et historique, XXV), 2 vol., Paris, 1937; J. LEIBOVITCH, *La statuette en ivoire de Helmiyeh,* in *ASAE* XLVIII (1948), p. 245-258 en in het bijzonder fig. 1 p. 246].

88 Onder de bronnen die J. Quaegebeur verzameld had, was er in deze context ook een gouden hanger van Ras Sjamra, die een naakte godin met Hathorpruik voorstelt, staande op een leeuw en met een gehoornd dier in elke hand (Louvre AO 14714): hier zijn de geitachtigen duidelijk met Hathor geassocieerd, zoals J.Q. aan het begin van zijn uiteenzetting reeds vermoedde.
[Hathor en de steenbok staan eveneens naast mekaar op een vaasfragment, versierd met reliëfs, in het museum van Caïro: CG 3608 a-b].

89 A. BADAWY, *L'art copte. Les influences égyptiennes*, Le Caire, 1949, p. 41-42.

[90] Cfr M. MALAISE, *La perception du monde animal,* in *Anthropozoologica* 7 (1987), p. 36: „Woestijnbewoners zoals de gazellen, aangepast om in dit vijandig milieu te overleven en de dood te dwarsbomen, worden op hun beurt symbolen van nieuw leven en versieren schalen en schminklepels die aan de doden worden meegegeven".

[91] [J. LEIBOVITCH, *Quelques éléments de la décoration égyptienne sous le Nouvel Empire. Le griffon,* in *BIE* XXV (1943), p. 197].

[92] Het thema van de oryx door Horus overmeesterd, werd — zonder dat de problematiek echt onderzocht is — in verband gebracht met dat van het „offeren van de oryx", dat bekend is van het Nieuwe Rijk tot in de Romeinse Tijd en door Ph. Derchain bestudeerd werd [*Le sacrifice de l'oryx* (Rites égyptiens, 1), Bruxelles, 1962]. In de teksten die erover handelen wordt het dier als een Sethiaans wezen opgevat; hij incarneert de vijand van „het oog van Re", maar men verneemt eveneens dat de antilope leder verschaft en dus niet geheel en al een negatief karakter heeft. Ik wil hier niet de problematiek ontwikkelen die gesteld wordt door de assimilatie van de oryx met Seth (de god van de chaos en de negatieve krachten), een assimilatie die later tot andere woestijndieren, die aan goden geofferd werden, uitgebreid werd. Ik citeer enkel volgende uitspraak van Derchain: „De vervloeking aan de antilope verbonden, is een uitvinding van na het Nieuwe Rijk" (*op. cit.,* p. 15). Noteer dat de dubbelzinnige rol van de oryx — want het geofferde dier is tegelijkertijd de incarnatie van de negatieve krachten en een belofte van hernieuwing van het leven (zodanig zelfs, dat het slachtofferen van de oryx de terugkeer van de zon oproept) — ook bestaat voor andere dieren, zoals bijvoorbeeld voor het nijlpaard, embleem van de godin Thoëris.

[93] Zie ook Leiden A 1054, cf. W.D. VAN WIJNGAARDEN en B.H. STRICKER, *Magische Stèles,* in *OMRO* N. S. XXII (1941), pl. I tegenover p. 1 (de auteurs vermelden talrijke gelijkaardige stèles op p. 6-38, + bibliografie p. 36).
[Zie ook O. LOLLIO BARBERI, G. PAROLA e M.P. TOTI, *Le Antichità Egiziane di Roma Imperiale,* (Roma, 1995), n° 26 p. 167 (Capitolijnse Musea Inv. 2160); bibliografie (p. 114-116) van het artikel van R.K. RITNER, *Horus on the Crocodiles. ...* in *Religion and Philosophy in Ancient Egypt* (Yale Egyptological Studies, 3), New Haven, 1989, p. 103-116; V. TRAN TAM TINH, in *Lexicon iconographicum mythologiae classicae.* III, 2, Zürich-München, 1986, p. 82 n° 56b (Brooklyn 60.73) en III, 1, p. 103].

[94] Horus en Bes zijn vanaf de Late Tijd met mekaar verbonden (M. MALAISE, *Bès et Béset: métamorphoses d'un démon et naissance d'une démone dans l'Egypte ancienne,* in *Anges et démons* (Homo religiosus, 14), Louvain-la-Neuve, 1989, p. 54).

[95] [Het is opvallend dat op een andere fries van hetzelfde gebouw de figuur van Bes niet met gazellekoppen, maar met Hathorgezichten afgewisseld wordt (F. DAUMAS, *Les mammisis de Dendara,* Le Caire, 1959, pl. LXV-LXVIII); dit schijnt de gelijkstelling van betekenis, die aan het begin van deze uiteenzetting vermoed werd, tussen de gazelle (of de steenbok) en Hathor te bevestigen (hierboven, p. 20-22, 83-84 en n. 88)].

[96] [Voor Bes als jager, zie J. LECLANT, *A propos d'une terre cuite de Bès à l'oryx,* in *Hommages à Lucien Lerat. Annales Littéraires de l'Université de Besançon,* 294 (1984), p. 409-11, 413].

[97] [Ik dank Sylvie Cauville voor de identificatie en huidige lokalisatie van dit document].

[98] IIde mill. voor Chr. (R. DU MESNIL DU BUISSON, *Etudes sur les dieux phéniciens hérités par l'empire romain* (EPRO 14), Leiden, 1970, p. 89-90 en fig. 23).

[99] Zie ook E. GUBEL, *Phoenician Lioness Heads from Nimrud: Origin and Function,* in *Studia Phoenicia* III, Leuven, 1985, fig. 9 en p. 195 (het gaat om een ivoor van Nimroed dat Astarte voorstelt op een Egyptische godin met leeuwenkop (Sechmet), omgeven door twee geitachtigen).

[100] [Dit detail herinnert aan de satirische papyrus van Londen (Brit. Mus., Ramessiedentijd), waarin men een leeuw aan het *senet*-spel ziet zitten met een gazelle, die hij vervolgens bespringt voor de geslachtsdaad (R. LEPSIUS, *Auswahl der wichtigsten Urkunden des aegyptischen Alterthums,* Leipzig, 1842, pl. XXIII; J.A. OMLIN, *Der Papyrus 55001 und seine Satirisch-erotischen Zeichnungen und Inschriften,* Torino 1973, pl. XX.a)].

[101] M. MALAISE, *loc. cit.*, p. 55.

[102] [Deze voorwerpen zijn standaarden die op staken werden bevestigd].

[103] CG 38730, cfr G. DARESSY, *Statues de divinités* (CCG 38001-39384), Le Caire, 1905, pl. XL en p. 188.

[104] *Fouilles de Kition.* II. *Objets égyptiens et égyptisants,* Nicosia, 1976, n° 19 p. 241 (= Louvre E 3090). [Gelijkaardige stukken: *op. cit.*, pl. XXXII, 11-12 (= BM EA 26267) en n° 21 p. 241 (BM EA 23375); J. BULTE, *Talismans égyptiens d'heureuse maternité,* Paris, 1991, pl. 1a-b (Caïro JE 39419), 3a-b (Caïro JE 67070), 9a-b (Brooklyn 37.309E), 14d (Louvre MNB 98)].

[105] [Een gelijkaardig stuk: *Fouilles de Kition* II, n° 20 p. 241 (BM EA 11820). — Opmerking: op het beeldje Caïro JE 41224 is het gehoornd dier achter de pluimentooi van de god Bes vervangen door wat op een zwangere poes lijkt, een andere vorm van de belofte van wedergeboorte (op de voorzijde zoogt Bes niet een kind, maar hij presenteert voor hem de jonge Bes, die reeds rechtop staat)].

[106] Zie in laatste instantie M. MALAISE, *Bès et Béset ...*, in *Anges et démons* (Homo religiosus, 14), Louvain-la-Neuve, 1989, p. 59-60.

[107] [Parallelle stukken: P. PERDRIZET, *Les terres cuites grecques d'Egypte de la collection Fouquet,* Nancy ..., 1921, pl. XLIII onderaan rechts en pl. XLIV in het midden; Caïro CG 38728; Louvre N 4244, cf. P. BALLET, *Potiers et fabricants de figurines dans l'Egypte ancienne*, in *Cahiers de la céramique égyptienne* 4 (1996), pl. III, 8 = F. DUNAND, *Catalogue des terres cuites gréco-romaines d'Egypte* [Musée du Louvre], (Paris, 1990), n° 65 p. 49 = V. TRAN TAM TINH, in *Lexicon iconographicum mythologiae classicae.* III, 2, p. 91 n° 14b (het gezicht is ietwat grotesk, maar de haardracht is een echt vrouwelijke haartooi, helemaal in lokken); IDEM, *ibidem,* III, 1, p. 113, *sub verbo* „Besit allaitant Bès"].

[108] M. MALAISE, *loc. cit.*, p. 61-62.

[109] Louvre E 11138 (V. TRAN TAM TINH, in *Lexicon iconographicum mythologiae classicae.* III, 2, Zürich-München, 1986, p. 78 n° 31b); zie ook Allard Pierson Museum Inv. 7947, cfr. W.M. van HAARLEM, *Allard Pierson Museum Amsterdam.* III. *Stelae and Reliefs* (Corpus Antiquitatum Aegyptiacarum), Amsterdam, 1995, p. 34-35.

[Men kan volgende parallellen toevoegen: Louvre E 2399, cfr F. DUNAND, *Catalogue des terres cuites gréco-romaines d'Egypte,* (Paris, 1990), n° 59 p. 47 (in dit laatste geval heeft Beset geen leeuwenmasker, maar een vrouwengelaat) V. TRAN TAM TINH, in *Lexicon iconographicum mythologiae classicae.* III, 1, Zürich-München, 1986, p. 103 *sub verbo* „Bès dansant" en p. 112 *sub verbo* „Besit dansant". Bes is eveneens in dansende houding afgebeeld op de leuningen van twee van de zetels van Satamon, Caïro CG 51112 en 51113].

[110] J.E. QUIBELL, *Excavations at Saqqara (1905-1906),* Le Caire, 1907, pl. XXVII-XXVIII.

[111] [Op de albasten bark is de dwergvrouw eveneens naakt voorgesteld en draagt ze aan pols en bovenarm armbanden die haar verleidingsmacht moeten benadrukken].

[112] Inv. F 1984/11.3, cf. M.J. RAVEN, *A Puzzling Pataikos,* in *OMRO* 67 (1987), p. 7-19.

[113] Louvre MNB 98 cfr *Fouilles de Kition.* II. *Objets égyptiens et égyptisants,* Nicosia, 1976, p. 241, n° 22; *Religio phoenicia. Acta Colloquii Namurcensis ... 1984* (Studia Phoenicia, IV), Namur, 1986, fig. 5a p. 134; V. TRAN TAM TINH, in *Lexicon iconographicum mythologiae classicae.* III, 2, Zürich-München, 1986, p. 86, onderaan en in het midden.

[114] Tübingen Inv. 1352, cf. E. BRUNNER-TRAUT en H. BRUNNER, *Die Ägyptische Sammlung der Universität Tübingen,* Mainz, 1981, pl. 160 en p. 305-6: „Dit zeer zeldzame type beeld behoort tot de groep van Bes als „heer der wilde dieren". Ongetwijfeld triomfeert hij als beschermende demon over het kwade, dat door de steenbok belichaamd is en dat hij overwonnen heeft, zoals Harpokrates zegerijk op de krokodillen staat"; Straatsburg, Institut d'Egyptologie Inv. 1659, cf. J. PARLEBAS, *Antiquités égyptiennes* (Exposition, Strasbourg, Ancienne Douane, 12 juillet - 15 octobre 1973), (gedrukt te Straatsburg), 1973, fig. 58 p. 42 (cat. 173). — Bes is nogmaals geassocieerd met de steenbok op één der zetels van prinses Satamon, CG 51111: Bes is er afgebeeld op de rugleuning, terwijl op elke armleuning een steenbok staat die de voorpoten buigt (E.J. QUIBELL, *The Tomb of Yuaa and Thuiu,* Le Caire, 1908, pl. XXXII). [Zie ook V. TRAN TAM TINH, in *Lexicon iconographicum mythologiae classicae* III, 1, p. 110 *sub verbo* „Bès maître des animaux sauvages"].

[115] Brussel, Koninklijke Musea voor Kunst en Geschiedenis E 6755, cf. M. WERBROUCK, *Les multiples formes du dieu Bès,* in *Bulletin des Musées royaux d'art et d'histoire,* 11e année (1939), fig. 5 en p. 78 + n. 4. [In tegenstelling tot wat J.Q. dacht, is dit voorwerp geen unicum. Ik heb verkozen de foto van het object in het museum van Brussel te vervangen door de afbeelding van een gelijkaardig voorwerp in het Louvre, omdat deze laatste beter bewaard en de foto leesbaarder is; onze fig. 62 (Louvre E 22874) = V. TRAN TAM TINH, in *Lexicon iconographicum mythologiae classicae* III, 2, Zürich-München, 1986, n° 93c p. 86. — Een derde exemplaar bevindt zich waarschijnlijk in het museum van Caïro, maar de benen van de dwergvrouw zijn afgebroken (JE 44706, brons, afkomstig uit Ehnasiya). Op twee andere exemplaren (IDEM, *ibidem,* III, 2, p. 85 n° 93b en K. PARLASCA, *Zwei ägyptische Bronzen aus dem Heraion von Samos,* in *AM* 68, 1953, p. 133, n° 16, Beil. 46), is de steenbok vervangen door een kikvors; over de symboliek van de kikvors, zie J. LECLANT, *La grenouille d'éternité des pays du Nil au monde méditerranéen,* in *Hommages à Maarten J. Vermaseren* (EPRO, 68), Leiden, 1978, p. 563: „Dit chtonisch dier, dat spontaan lijkt op te duiken uit het door de zon opgewarmd slib wanneer de Nijl zich terugtrekt, is het symbool van de schepping geworden, van het leven dat zich zonder ophouden vernieuwt, (...) een vast symbool van de verrijzenis"; M. MALAISE, *La perception du monde animal,* in *Anthropozoologica* 7 (1987), p. 43 n. 3: „Men geloofde dat de kikkers geboren werden uit de modder en dat ze na zes maanden erin terugkeerden om vervolgens herboren te worden"; Ph. DERCHAIN, *Miettes,* in *RdE* 30 (1978), §10 p. 65: „Of het nu gaat om de godin Heket, die toeziet op de geboorte, of om de kikvorskoppige goden van Hermopolis, die door een soort spontane voortplanting uit de ongeschapen oermassa ontstaan zijn, de kikvors is verbonden met het ontstaan van het leven ..."].

[116] Caïro JE 62114 = C(arter) 579 = T 544 (speciale catalogus TAA), cf. *Toutankhamon et son temps,* (Exposition, Petit Palais, Paris, 17 février - juillet 1967), Paris, 1967, n° 35 p. 162-165.

[117] JE 62016 = C 47, cfr N. REEVES, *Toutankhamon. Le roi, la tombe, le trésor royal,* (Paris, 1991), p. 180; H. CARTER, *The Tomb of Tutankhamen.* I, London ..., 1923, pl. XLIX. — Op de zetels van prinses Satamon (Caïro CG 51111, 51112, 51113) zijn het twee vrouwelijke nijlpaarden die Bes omgeven; zij vormen, zoals Beset, de vrouwelijke tegenhanger van de god Bes.

[118] [Deze studie is het eerste kunsthistorisch onderzoek dat Jan Quaegebeur, filoloog van opleiding, ondernomen had. Veelzijdig vorser als hij was — hij was een even goed egyptoloog als papyroloog, demotisant, ptolemaeïsant en archeoloog —, volbracht hij dit onderzoek met dezelfde scherpzinnigheid als in zijn andere specialisaties. J. Quaegebeur had zich voorgenomen om een vervolg op deze uiteenzetting te leveren met een verhandeling op het 7de internationaal Egyptologencongres (Cambridge, 3-9 september 1995), onder de titel *„The Naked Girl and the Goose: A Motif of Rebirth"* (*Abstracts of Papers,* p. 147-8), maar hij stierf drie weken voor de aanvang van het congres].

[119] Genesis 22.
[Aangezien het offer van Isaak een aankondiging is van de kruisdood van Christus, wat voor de gelovigen een belofte van verrijzenis inhoudt, mag men niet nalaten om te benadrukken dat het een gehoornd dier is dat hier het slachtoffer redt].

[120] J. COUYAT - P. MONTET, *Les inscriptions hiéroglyphiques et hiératiques du Ouadi Hammamat* (MIFAO , 34), Le Caire, 1913, p. 77 n° 110 l. 1-5 (geciteerd door L. TROY, *Patterns of Queenship*, Uppsala, 1986, p. 130). Deze gebeurtenis is in tegenspraak met de Bijbelse aanbeveling om de moeder niet te doden zolang zij haar kleintje voedt, cf. H. GOEDICKE, in *JNES* 42 (1983), p. 302-3. [Toch is de situatie in dit geval iets ingewikkelder, daar de steen waarop de gazelle haar jong ter wereld gebracht had, uitstekend geschikt bleek om er een sarcofaagdeksel uit te vervaardigen].

THE DWARF-LADY AND THE IBEX

or the Riddle of the Alabaster Barque from the Tomb of Tutankhamun

The title of my lecture, "The Dwarf-lady and the Ibex", might be rather surprising. I have chosen it in order to touch upon the enigma that this alabaster barque, found in the tomb of Tutankhamun, still poses[1] (fig. 1-2): what indeed links a naked dwarf-lady on a barque with the head of an ibex both at the stern and the prow of the same ship? To my knowledge, no one has come near in satisfactorily explaining the meaning or purpose of this splendid set. Should we attempt to find some answers to these questions we will have to carry out a systematic survey and therefor start of with what we already know for a fact. Let us commence by taking a closer look at Tutankhamun and his tomb.

Tutankhamun is these days known all over the world, and his golden funerary mask is without question part of the universal patrimony of the arts. Though still at a very young age, Tutankhamun ascended the throne of Egypt around 1335 BC, shortly after the disappearance of the heretic pharaoh Akhnaton from the political stage. He dies after a reign of a mere ten years. His tomb was discovered almost intact in 1922 and the treasures and objects recovered are, with a few exceptions, displayed in the Egyptian Museum of Cairo. This is also the case for the beautiful barque that has struck not only our interest, but that of several other Egyptologists over the past decades as well.

The discovery of the treasures of Tutankhamun has always spoken to the imagination of many. A scene from the comic "The Mystery of the Great Pyramid" of the renowned Belgian cartoonist Edgar P. Jacobs, features several objects of the funerary furniture of the young pharaoh. Among them we find the small alabaster barque[2]. However, the cartoonist has left out the two small figures at the prow and the stern of the boat (fig. 3).

This exquisite mounted piece, consisting of the alabaster barque and its pedestal, has a height of 67,5 cm and a length of 70 cm[3]. The names of Tutankhamun and his spouse Ankhesenamun are inscribed on the pedestal, at the prow-side.

According to Madame Desroches-Noblecourt, whose book *Toutankhamon. Vie et mort d'un Pharaon* had a remarkable success, this barque ranges among the most exceptional objects of the tomb. She describes it as follows: "Taillée dans de l'albâtre très fin et décorée de pâtes de couleurs et de feuilles d'or, elle formait une sorte de bassin rectangulaire, agrémenté de motifs floraux, aux noms de Toutankhamon et de sa femme Ankhesenamon. Au centre de ce bassin que l'on pouvait sans doute orner de fleurs, un petit socle supportait l'image d'une barque dont la proue et la poupe se terminaient en tête de bouquetin. Un dais central à quatre colonnes florales contenait un objet qui ressemblait à une cuve de sarcophage, ouverte et décorée de motifs végétaux. ... A l'avant, une charmante jeune fille nue accroupie pressait un lotus contre elle; à l'arrière, une naine tenait un long bâton grâce auquel elle pouvait diriger le bateau"[4]. No interpretation accompanies this description.

Jean Yoyotte, for his part, writes: "En lui-même, le bassin ornemental évoquant une promenade dans le marais, ..., est d'une telle singularité qu'en l'attente d'une étude technologique approfondie on en est réduit à se demander quel usage pouvait en être fait dans les appartements de Toutânkhamon". And the author continues: "Selon certains, des parfums auraient été versés dans la cavité de cette pièce montée afin qu'ils s'évaporent et embaument l'atmosphère. Selon une autre théorie, des fleurs naturelles ou artificielles étaient placées dans le coffre à la périphérie de la barque. Cette seconde interprétation que suggèrent les figurations dans les temples et dans les tombes de divers vases complexes apportés en tribut ou offerts à Hathor, est spécialement séduisante: entouré d'une double haie de floraisons et de feuillages, le bassin orné sur son pourtour de guirlandes incrustées de mandragores, de bleuets et de pétales de lotus bleus, donnait alors l'image saisissante d'un princesse et de sa naine en partie de campagne"[5].

The young person in the front of the ship, whose nakedness is quite apparent[6] (fig. 4), is generally considered to be a princess. I will however not attempt to identify her[7]. As far as the dwarf-lady is concerned (fig. 5), her nudity appears to be quite embarrassing if we are to identify her as a mere servant, moreover an "old" one, according to several scholars[8]. This idea of a servant accompanying a young woman on a boat ride has undoubtedly been inspired by the presence of dwarfs as servants at the sides of princesses on numerous scenes from el-Amarna[9].

Lastly, another scholar and well-known specialist of Tutankhamun as well as a former curator of the Egyptian collection of the British Museum, I.E.S. Edwards, laconically states in his marvellous book "*Tutankhamun. His Tomb and its Treasures*", published in 1977 by the Metropolitan Museum of Art: "This alabaster model still remains unexplained fifty years after its discovery"[10].

In order to better understand and to interpret this extraordinary object, I propose to hold a double inquiry, starting with the two most striking elements of this composition, the dwarf-lady and the ibex.

Let us begin by taking a closer look at the ibex. According to Christiane Desroches-Noblecourt, both prow and stern of the ship are carved in the image of a Syrian ibex, equipped with the actual horns, taken from a young animal[11]. In a recent note, published in the *Journal of Egyptian Archaeology*, D.J. Osborne confirms the identification of this species as a Syrian ibex on the basis of the facial features of the animal (frontispiece). The author, however, also notes that the horns, of which one is missing, are not taken from an ibex, but were made out of wood[12]. "Syrian ibex" is not a term commonly used by zoologists. They prefer the Latin name *Capra aegagrus*. This wild goat has never been a native to the Egyptian soil, unlike its counterpart, the Nubian ibex or *Capra ibex nubiana*, which has been attested in Egypt since ancient times[13]. It is not the first time that a seemingly Syrian influence of several objects, next to the alabaster barque, in the tomb of Tutankhamun has been pointed out.

The presence of Syrian ibexes in the tomb of Tutankhamun brings to mind a well-known scene from the tomb of Khnumhotep at Beni Hassan (XIIth dynasty, about 1900 BC), depicting the arrival of Asian Bedouins in Egypt while driving a gazelle and an ibex in front of them. The latter clearly has the characteristic facial features of the Syrian species[14].

Throughout the following discourse, I will no longer make any distinction between the *Capra aegagrus* (Syrian ibex) and his Egyptian counterpart, *Capra ibex nubiana* (Nubian ibex), but I will simply refer to them as ibex. This term is also used to designate the ibex of the Alps. All three belong to one and the same family, this of the caprines[15].

The ibex has often figured in Egyptian art. Throughout the predynastic era, the ibex appears on Nagadan as well as Gerzean vases[16]. On another object, the so-called larger animal palette, dating back to 3000 BC and currently in Oxford[17], an ibex is depicted, in the centre at the bottom of the palette. She is in the company of an oryx and a gazelle, while under attack of a lion (?). Underneath, we notice an antelope being chased by dogs. The ibex, oryx and gazelle are all three inhabitants of the desert. They often figure in each other's company in Egyptian art, as we are about to show in an instance. It is the shape of their horns that allows us to make a distinction between the different species. The horns of an oryx-antelope, or *oryx gazella dammah*[18], are very long and almost straight, hence also the name of sabre-antelope. The horns of an ibex are very large and strongly bend backwards, while a gazelle (*gazella dorcas*) can be recognised by her rather small horns, in comparison with the other two species, and the double curl (or S-shaped configuration) of the horns.

We often encounter these animals in hunting scenes and in processions of live-stock, being led away for offerings. Such scenes are present in mastabas of the Old Kingdom[19] (fig. 6), in tombs and funerary temples from the Middle and New Kingdom, and even later, throughout the Late Period[20] (fig. 7)[21]. The theme of the hunt for desert animals is also represented on smaller or decorative art objects[22]. This hunt for the ibex and the gazelle served first and foremost to enrich the table of the prosperous and to fill their corrals[23]. It is still very hard to tell at what point in time these scenes also received a religious meaning, or, in other words, the exact moment when the hunt was also seen as an aspect for keeping *maat* or order in the wild and chaotic environment of the desert[24].

On photos taken in the Cairo zoo (fig. 8)[25], the difference between an adult ibex and his younger counterpart can be easily distinguished: the adult has more developed and more powerful horns. The mighty bend of the horns of the adult animal is moreover quite striking in comparison with the almost straight horns with a slight bend at the end of the younger animal. In both cases, however, the frontal part of the horns shows a strongly developed form of apophysis (excrescences)[26]. The horns of several ibexes that figure on a monument of pharaoh Horemheb (fig. 10) are shorter than it is the case in reality. We can note that the male ibex, unlike his female companions, is represented with a small beard (goatee).

Having familiarised ourselves with the ibex, oryx and gazelle, we shall now return to our point of departure: the alabaster barque of Tutankhamun. We must ask ourselves whether we are dealing here with a unique object and an isolated case or whether there are comparable pieces. In other words, do we know of any other barques decorated with the head of an ibex?

A very beautiful head of an ibex, made out of bronze and inlayed with gold, in the museum in East Berlin, doubtless once figured on a barque composed of various materials[27]. However, this object, dating back to the Late Period, does not really provide us with any new information to further our cause. Next to this bronze head, I was only able to come up with two other examples of boats decorated with the head of an ibex at both prow and stern. The information that these examples provide, makes up for their scarcity. The first piece is a funerary barque that was part of the Egyptological collection of Sigmund Freud and which is currently on display in his former home, in the mean time transformed into a museum, in London[28] (fig. 11). The horns of the animals are turned down over their head, most likely for technical purposes[29]]. This piece, when compared to similar wooden boat models of the same type, can be dated to the Middle Kingdom and might be considered a prototype of the alabaster barque of Tutankhamun. A second example is found in Deir el-Bahari: in the chapel of Hathor in the mortuary temple of Hatshepsut (XVIIIth dynasty) a procession of ships is represented. Several of the barques figuring here are decorated with the head of a cow, carrying the crown of Hathor, while a single one of these ships is represented with the head of an ibex attached to it (fig. 12).

What would be the purpose of the head of an ibex? Having the great barque *Userhat* and other divine Theban barques, all decorated with the head of an animal —ram or falcon —, in mind, one is tempted to search for a connection between the heads of an ibex and a divinity. Might the ibex not be, in one way or another, connected with the goddess Hathor? Indeed, in regards to the alabaster barque, Yoyotte has already referred to offerings to Hathor, while, as far as the ships of Hatshepsut are concerned, there seems to be some sort of parallelism between the heads of an ibex on one of these barques and the heads of a Hathorcow on the others. The barque from the collection of Freud, transporting the mummy to the necropolis, can be easily linked with Hathor, mistress of the necropolis, as well.

An inscription in the small temple of Hathor at Philae, qualifying this goddess as *tꜣ gḥs.t n ḏwj*, "gazelle of the mountain"[30], confirms the connection between Hathor and the ibex, as far as the gazelle and the ibex as animals of the desert are interchangeable. A scene on a column within this temple even depicts a person offering gazelles to Hathor (fig. 13). The epithet "gazelle of the mountain" given to Hathor can also be connected with an extract from the myth of the solar eye, describing the transformation of the goddess in a gazelle at a certain moment in time[31]. Finally, from the New Kingdom onwards the gazelle is devoted to the goddess Anuket[32], whose connection with Hathor need not be demonstrated here[33]. On an ostracon from Deir el-Medina, the royal scribe Hay is depicted while adoring Anuket, in the shape of a gazelle, coming out of the Thebans mountains[34] in the same way as the goddess Hathor, in the form of a cow, leaves these mountains (fig. 14)[35]

A thorough investigation has brought to light several other documents. A mummy of a gazelle was discovered in a wooden coffin in the royal cache from the XXIInd dynasty at Deir el-Bahari (fig. 15)[36]. Yet another mummy came to light in Deir el-Bahari, in the tomb of the lady Ankhshepenupet[37]. We can even wonder whether it was not rather an ibex than a gazelle that was depicted on the wooden coffin from the royal cache. There are also ptolemaic references to a "tomb of gazelles" in the Theban necropolis[38], while other tombs of gazelles have already been found at several other sites, such as Komir, cult centre of Anuket between Edfu and Esna[39], and Wadi Digla, where in predynastic times gazelles were buried next to humans[40]. It thus seems that from this early period onwards the gazelle had some sort of religious significance[41].

Though I have been able to come up with a few examples of ships decorated with the heads of an ibex, I must admit that up until now the existence of a model or a scene depicting a boat decorated with the head of a gazelle is not known to me. As far as the barques equipped with the head of an oryx are concerned, I prefer not to discuss in detail the boat of Sokar, god of the deceased of the Memphite region, as not to complicate matters any further. Besides, in this specific case the head of the animal is always turned towards the inside of the ship. Far more interesting is the fact that the heads of oryx-antelopes are also encountered on barques of goddesses, such as the divine boat of Bastet, mistress of Bubastis[42] (fig. 16) — who can also be regarded as a form of Hathor — and the barque of Nekhbet in Elkab[43] (fig. 17)[44]. The presence of a horned animal attached to the prow of ships even takes us back to the very first beginning of Egyptian history, and more in particular to numerous rockdrawings[45]. Though the details are hardly visible on the published photos, on the famous knife-haft of Gebel el-Arak two boats equipped with the head of an ibex are depicted as well[46].

However, despite all the examples cited above, the link between the heads of an ibex attached to the prow and stern of the barque of Tutankhamun on the one hand and the goddess Hathor or other divinities on the other is still far from incontestably proven, let alone satisfactorily explained. Maybe we need to look in a different direction?

For the time being, we will remain in this rather maritime environment. The stern of the barque of the solar god Re (for example in the Book of Dead of Neferrenpet in Brussels fig. 18)[47] and that of the barque of the lunar god Thot[48] both end very distinctively in what among scholars is known as an "aplustre"[49], a strongly bend stern that takes on the form of a giant ibex horn. What might be the significance of this horn? Upon consulting the *Wörterbuch*, the dictionary of the Egyptian language, one becomes aware of the fact that throughout the Greek era the term *ʿb njꜣw* "horn of an ibex" was also used as a term to express the noun "year"[50]. This correlation is fairly easy explained: the year-sign *rnp.t* (Gardiner M 4) which originally depicted a leafless palmbranch apparently seems to have been reinterpreted as a representation of the horn of an ibex with its characteristic excrescences[51]. This is apparent in a scene on the gilded naos of Tutankhamun. The spouse of the pharaoh is depicted, while offering two year-signs, with the symbols for life, authority, jubilee and eternity attached to it, to her husband (fig. 19)[52]. These excrescences probably brought to mind annual rings, indicating the age of the animal. The meaning of the stem *rnp-* is moreover "to be young, to rejuvenate", while the etymological significance of *rnp.t*, "year", is "that what (periodically) rejuvenates itself"[53]. The sign *ḥḥ*, as it is for instance centrally displayed on a pectoral of Sesostris II (fig. 20) and made up out of a person holding two year-signs in his hands, signifies "eternity". Hence, a stern of a solar or lunar barque in the shape of the horn of an ibex refers most likely to the eternal return of the sun (rejuvenating itself every single day) and the moon (rejuvenating itself every 29 days and half). In the ptolemaic script, the ibex has moreover the phonetic value of *rnp*, "to rejuvenate"[54]. According to Keimer, this correlation between the horns of an ibex and the idea of rejuvenation dates back to the New Kingdom[55]. I am therefor tempted to conclude that in the case of the alabaster barque of Tutankhamun the heads of the ibex also refer to the idea of regeneration of life and of rebirth.

There is yet another example of the representation of a Syrian ibex in the tomb of Tutankhamun[56]. An alabaster ointment-vase is very delicately carved in the shape of an ibex, with its legs tucked under and his tongue slightly out of its mouth (fig. 21). The neck of this vessel, on the back of the animal, is broken, while one of the horns is missing. Why would someone decide to manufacture such a recipient in the shape of an ibex? Are we dealing here solely with the imagination of an artist? I do not think so. Upon examining other toilet articles from the New Kingdom, we often encounter the ibex in the presence of an oryx and a gazelle (fig. 22-23)[57]. The theme of the hunt for animals of the desert is in fact quite often depicted (fig. 24-25)[58]. It is furthermore well known that especially in the case of the so-called "ointment-spoons", symbols summoning the idea of rejuvenation were used in the iconography. On more than one occasion we encountered the lotus of rebirth and a young, naked girl. At times the latter is depicted as a swimmer, while at other moments she is represented as a musician. In fact, what is the aim of cosmetics, if not to make one look younger? Let us, moreover, not forget the presence of a young, naked girl, holding a lotus between her breasts, on the barque of Tutankhamun (fig. 4).

These motifs are also encountered upon faience drinking-cups, as is illustrated by an example from the museum of Leyden. A young, almost naked woman, with a Bes figure tattooed on her thigh, is having it out with a malicious monkey, who tries to untie her belt (fig. 26)[59]. The presence of the theme of a gazelle nurturing her young (fig. 27) on other vases of this type should not come as a surprise to us. I have indeed encountered this theme on at least three examples[60]. The iconography of these toilet articles and drinking-cups is often termed as being "hathoric". Notice also that Bes is present on more than one occasion; among others on the kohl-bottles.

Several types of vases, all dating to the New Kingdom, are known to have used, in one way or another, the theme of the ibex[61]. Also, as far as several faience receptacles from the Late Period are concerned, the presence of this theme on flasks manufactured in the shape of the umbel of a papyrus is far from coincidental. These vases are commonly known as New Year's flasks as they are often decorated with an inscription wishing a "good and happy New Year"[62].

There is even more. Several zoomorphic vessels in terracotta, dating back to the New Kingdom, will even further our research. It is quite remarkable how on one of these, currently in Munchen, the manner is which the artist has made use of the horns of the young animal to manufacture the handle of the vase (fig. 28)[63]. Another one, currently in the Louvre, imitates a female ibex with a fawn on either side of her head (fig. 29)[64]. Several authors are of the opinion that these vases contained milk[65]. A series of similar vases is depicted in the tomb of Kenamun in Thebes and dates to the reign of Amenhotep II[66]. Among the gifts offered at the New Year's festivities, we recognise three vases, placed upon a small stand and carved in the image of animals that we have encountered in each other's company many times before: the oryx on top and the gazelle and ibex underneath (fig. 30). An in depth study of the vessel in the Louvre has brought to light that what at first seems to be a flower in the mouth of the antelope and ibex on the scene, is in reality the neck of the vase. If this latter vessel is to be considered a symbolic New Year's gift, as the horns of the ibex gave shape to the year-sign, it does seem clear that the two other animals must express this idea of new life as well. Moreover, milk, the nourishment of the new-born, played an important role in the rites performed at the New Year's festivities[67].

These charming vases are part of a larger group of luxury pottery, of which the best-known types show a variation on the theme of mother and child. It is generally accepted that this type of vases was used to contain milk (for instance Louvre N 969 = fig. 31)[68]. These receptacles are often considered to be pharmaceutical flasks. Several medical papyri suggest the use of "milk of a woman who has just given birth to a male infant" as a possible cure for certain ailments. A couple of these so-called pharmaceutical vessels is exhibited in a show-case in the British museum. Next to these examples, a horn, used to contain oil and at its extremity ending in the head of an ibex, is presented (fig. 32)[69]. Though this one is made out of clay, we know of several other examples where the actual horn of a bovid was used[70]. Usually these horns contained luxury oils, mainly imported from Syria[71]. Yet another vase, this time in Cairo, is manufactured in the shape of a dwarf-lady[72] (fig. 33). In this particular case it seems more likely that this receptacle served to contain oil rather then milk, and this for two apparent reasons. The deformed female has no child to nourish, but, as is also indicated by the position of the hands, she is pregnant (you get the impression that she is massaging her belly). Moreover, this vase is part of a series of alabaster containers, sculptured in the image of pregnant women — often a dwarf-ladies — and used to hold oil or ointment[73].

Having reached this stage in our research, it becomes quite necessary to pose the following question: how to explain this preference of the Egyptians to use dwarfs, often with short legs and deformed feet, within the iconography of oil vases and cosmetic containers? It is still too soon to contemplate an answer.

Let us first summarise the data we have been able to gather thus far. Our study of the head or horns of an ibex attached to prow or stern of ships has brought forward that the ibex, and the horns of this animal more in particular, expresses the idea of the renewal of life, of regeneration. It has also become apparent that the motif of the ibex is to be recognised on more than one occasion on containers dating from the New Kingdom. Some of these vessels clearly need to be regarded as New Year's gifts. A short comparison of several receptacles in terracotta and alabaster has brought the themes of the ibex and the dwarf-lady, also the title of our lecture, closer together. Even if these vases in the shape of an ibex were destined to contain oil rather than milk, this still does not pose any problem as far as any interpretation is concerned. Despite their divergence in use, both oil and milk are products used to revive the body. Moreover, both the ibex as well as the dwarf-lady suggest the idea of new life. The alabaster barque of Tutankhamun might well have been a New Year's gift[74].

This suggestion does however not solve the problem posed by this alabaster barque entirely. Indeed, why would the artist, responsible for this exquisite piece of art, have chosen and associated two so seemingly different symbols of regeneration? In other words, can we come up with any specific connection between the dwarf-lady and the ibex? And what bond, if any, could there possibly be with the young, naked woman, crouching down on the prow of the ship?

As we already mentioned at the beginning of this exposé, Mrs Desroches-Noblecourt and other scholars are tempted to identify this most charming person as a princess. This suggestion leads us unto new ground, as on a fragment of a vase, known as the "marriage vase" and discovered at Ras-Shamra, a lady is depicted, while pouring her husband Niqmat, king of Ugarit, a drink[75] (fig. 34). The lady presented is in fact an Amarnian princess[76]. This couple figures inside a building that is topped with a frieze, decorated with the heads of ibexes. These heads seem to have taken the place of the uraeus on this frieze. The floral crown, which the young princess of Ugarit is wearing, is identical to the one princess Satamon, daughter of Amenhotep III, is crowned with on a scene on a chair belonging to this princess and found in the tomb of her grandparents, Yuya and Tuyu (fig. 35). Attached to the tiara of Satamon[77] the head of a gazelle emerges. This detail is nowhere to be seen on the document from Ugarit. I am inclined to believe that this head of a gazelle had the same apotropaic function as the uraeus — to which sometimes a vulture is added — attached to the forehead of the king and eventually the queen. The heads of the ibexes crowning the frieze on the fragment from Ras-Shamra would have had this same function. There are still other attestations of heads of gazelles attached to the forehead of ladies. In the tomb of Menna, for instance, two of the royal favourites are clearly depicted with this feature (the gazelle is very easily recognisable due to the s-shaped curve of the horns) (fig. 36). A golden hairband, kept in the Metropolitan Museum of Art in New York, is also decorated with the heads of two gazelles. This piece once belonged to one of the secondary wives of Thutmoses III[78] (fig. 37). The fact that the names of these three princesses were either non-Egyptian or non translatable has led scholars to believe that they were of foreign origin. Most likely we are dealing here with the daughters of Syrian or Canaanite chieftains. Finally, a tiara in electrum, also part of the collection of the Metropolitan Museum of Art, is decorated with two heads of a gazelle on one side and with the head of a deer, an animal but very rarely attested in Egyptian iconography, on the other (fig. 38). This tiara originated from the Eastern Delta and is dated to the Second Intermediate Period[79].

Several scholars have remarked that the gazelle at Ugarit, and in fact throughout the Near East, was regarded as a symbol for princesses of royal blood[80]. There are still other arguments indicating that the motif of the head of an ibex attached to the forehead of royal wives in Egypt, originated in Asia. On a Theban stele from the New Kingdom[81], the goddess Qudshu (Qadesh), naked and standing on top of a lion, is depicted in between a god that is no stranger to us, Amon-Min, and a divinity with the name Reshpu, or Reshef as he is commonly known. Qadesh as well as Reshef are Semitic divinities imported from the Syro-Palestine region. Reshef, who is first and foremost a god of war, figures with the head of a gazelle attached to his forehead. As this detail appears on numerous representations of this god, his nature as a god of the desert has been called upon to explain the presence of the gazelle[82]. As far as Min is concerned, not only is he a fertility god, but he too is a god of the desert. The gazelle, symbol of Isis at Coptos, is known to have often been sacrificed to Min, god of the desert[83].

The connection between the foreign god Reshef and the gazelle might be common knowledge — even though this relation has never been the subject of an in depth study — there is however still another divinity with whom the gazelle is at times associated. This fact has up until now received very little attention. The god we are dealing with is Horus, or more in particular, Harpocrates, Horus-the-child. On a stele in the Pushkin Museum in Moscow[84] (fig. 39) all the elements of the magic steles, known as the "cippes" of Horus, are present: the prophylactic mask of Bes and the ferocious animals in the hands and under the feet of Horus. The profile of the young god brings to mind stelae where Shed is represented, stelae that ought to be considered as a prefiguration of Horus on the crocodiles. On an amulet in the Cairo museum (CG 9427, XVIIIth Dynasty) the god Onuris and the falcon Horus, standing on top of an oryx, are depicted on one side, while the god Shed figures on the other[85] (fig. 40). The origin of this hunter-god Shed, whose name can be translated as "saviour", still remains obscure. Some authors have suggested that notwithstanding his Egyptian appearance, he was in origin a Semitic divinity. On top of his head, the buckle of a prince with the uraeus up front figures. In one hand Shed holds a bow and two serpents and you get the impression that he is trying to detain and control a lion, while in his other hand a living gazelle is depicted. Another document noteworthy of our attention is a XIXth dynasty stele[86] (fig. 41) dedicated by Ramose to Shed in order to obtain health and happiness. The young god is dressed up like a prince. The horns of a gazelle, attached to his forehead, are easily recognisable. He is in the process of detaining a lion, serpents and crocodiles, while crushing crocodiles and holding two gazelles, rushing towards a stylised shrub, on a leash. The inscription on top of the stele describes Shed as "a god .... coming out of the desert, bearer of the Udjat-eye in good health, in order to protect this residence".

The theme of the gazelle, the inhabitant of the desert who is on the constant lookout for vegetation and who is seen standing upright against a shrub to claim its leaves (fig. 42), is a scene undoubtedly inspired by nature itself and is attested throughout the Near East. The motif of this "tree of life" has in fact already been studied[87]. On a New Kingdom chest in the museum in Bologna (fig. 43), the motif of the gazelle, treating herself to a delicious meal of the leaves of a tree, is associated with that of the same animal nurturing her young, a picture perfect example of the passing on of life. This same subject is already encountered in the Middle Kingdom, and more in particular in Kerma, where ibexes have taken the place of gazelles (fig. 44): once again these animals of the desert interact as each other's counterpart. A variation on this theme, which at the same time also illustrates its widespread distribution, shows the tree as a source of life: on a fragmentary vase from Lakish (fig. 45) the tree has repeatedly been replaced by the representation of triangular pubic hair, each time flanked by two ibexes[88].

Even much later, up into Coptic times, hunting scenes are still present[89], while the theme of the tree of life is often treated in paleochristian art. On a Coptic stele in the Museum of Lyon (fig. 46), for instance, the antelope apparently needs to be understood as a symbol of new life. This symbolism is undoubtedly inspired by the circumstances of life of these desert animals: life in the desert originates in a totally infertile environment and it is under constant threat of carnivorous animals and of man[90].

Let us now return to Shed and Horus standing upon crocodiles. These two gods are, among others, associated on a magical stele on display in the Cairo museum (fig. 47)[91]. On the pedestal, the god Shed, in a chariot pulled by griffins, is seen chasing desert animals. On the stele itself, the young Horus, in high relief, holds a lion and an oryx in his hands. The mask of Bes is placed above his head and the head of a gazelle or oryx decorates his forehead[92].

It is but a short step from Horus standing upon crocodiles to Bes Pantheos (a genie uniting the forces of several divine beings). This divinity is also depicted while seizing the lion and the oryx (fig. 48). The connection is quite obvious: the dreadful and terrifying mask of Bes on top of the head of Horus (fig. 39, 47)[93] already suggested a common nature[94]. As was the case with Shed and Horus, on the hairdress of Bes one or two heads of a gazelle figure on occasion as well. One of the friezes of the Roman mammisi in Dendara is, for instance, decorated with the heads of Bes, flanked by the heads of gazelles (fig. 49, 50)[95]. The fact that Bes, as well as the young Horus, tames these wild animals and detains lions and ibexes and serpents just like Shed only underlines the connection between Bes and these desert animals[96]. [In the surroundings of the Roman mammisi of Dendara,] a block was found, portraying Bes upon returning from the hunt with his prey (a gazelle) on his shoulders (fig. 51)[97].

Similar ideas are encountered throughout the Near East. For instance, on a vat from Tell Mardikh in the museum of Damascus, the god Ashtar, portrayed with the head of a lion, is detaining two other lions, while a hare, a dog and ... two ibexes are resting at his feet[98]. Bes, for his part, is considered to be the Egyptian counterpart of several Near Eastern goddesses, known as "mistresses of wild animals". A goddess of Ugarit, represented while feeding two horned animals, standing on their hind legs, is one of these (fig. 52)[99].

Let us return to Egypt. I have tried to establish a connection between these three animals, the ibex, oryx and gazelle — all interchangeable — on the one hand, and the goddess Hathor and related goddesses on the other. It has become apparent that these animals, often encountered on toilet-articles, are linked with the renewal of life and connected with the female world. On more than one occasion references have been found on these objects pointing in the direction of Hathor, goddess of femininity, or Bes, protective deity of pregnant women and young mothers. We also noticed how the head of a gazelle, attached to the forehead, figures as an emblem for favourites of the royal harem[100]. Furthermore, a detour in the presence of the "lords of the desert", Reshef, Shed and Horus, also characterised by the presence of the head of a gazelle on their forehead, has led us to Bes, unmistakably the male counterpart of these "mistresses of wild animals". The evolution of Bes, from a protective demon to master of the animals of the desert, goes hand in hand with yet another development, integrating Bes more and more in the solar theology. Indeed, Bes assists in the rise of the sun at the eastern horizon and stands guard next to the young sun in such a way that, through new alliances concluded with gods of the East such as Reshef, Horus and Min, Bes ends up maintaining close relations with the eastern desert[101].

As far as the connection is concerned between Bes and desert animals, to which I just made reference, I wish to allude to one more series of representations of Bes, often in faience and all dating at least to the end of the New Kingdom[102]. A number of these pieces have even been found outside Egypt. On occasion Bes holds an oryx and an ibex in his hands[103] (fig. 53), while at other times an oryx (fig. 54)[104] or a lying ibex (fig. 55)[105] figures on the back of his plume-crown. At a first glance, the interpretation of this second object, depicting Bes while breastfeeding a child, might seem rather difficult. Though I will not be able to go into much detail in regard to the questions raised by this object, it does remain necessary to solve this problem as it is of importance for our discourse. I have therefore taken the liberty to simplify the question raised: is this divine being that we are dealing with here the male god Bes or rather an androgyne, as has been suggested by some authors? Scholars opting for the first interpretation — concluding that Bes is unmistakably a male divinity — tend to recognise a more or less round object in the right hand of Bes and they have proposed to identify this with the nut of a dum-palm. On the other hand, should Bes be bisexual, he is seen as a male individual, characterised by his beard, breastfeeding a small Bes. It seems to me that even though it is usually the left breast that is offered to the child and not the right, this is not a convincing argument against the interpretation of Bes as a nourishing divinity. Upon comparing this object with the so-called "milk-pots" (fig. 31), that we discussed a little while ago, little difference can be noted: the positioning of the hand is similar and the breast has more or less the same shape. The problem presented by the beard still remains. This beard, which seems to be more than anything else a grotesque lion's mask, might not be such a decisive argument against the interpretation of a breastfeeding divinity[106]. Instead of Bes we might in fact be dealing here with his female counterpart, Beset. Could it not be that on occasion Beset was given the features of the lion's face of her companion? The young Bes has the stylised manes of a lion as well, while the goddess Sekhmet is also represented with the head of a lion. In other examples, the mother of the young Bes is portrayed with a human face. This is the case on a Hellenistic terracotta where she is seen offering not a beautiful apple, but her breast to her child[107] (fig. 56).

The origin of Beset, the female counterpart of Bes, is still a complex matter. Perhaps she is the reincarnation of a female demon, figuring on Middle Kingdom magic knives and characterised by the manes of a lion, her spread and often bend legs and the presence of a serpent in each hand[108]. Bes, the divinity who detains wild animals, dispels danger and assist women in labour, has thus also become a god of the bedroom. This new aspect of our god is clearly illustrated by his presence on numerous objects, such as bedheads and toilet-articles. He thus becomes a procreative divinity as well; sexuality not only being the prerogative of Hathor. The claims of Bes in this particular field are quite obvious, as several representations, where a female figures at the side of Bes, attest (in particular the dancing Bes of the Louvre[109] = fig. 57, or the so-called "chambers of Bes", discovered a long time ago in Saqqara[110] = fig. 58). Beset is presented as a naked dwarf-lady, playing the tambourine, on the relief in the Louvre, while in the "chambers of Bes", her entire body is covered with tattoos[111]. The adult Bes is in need not only of a companion to satisfy his desire to contribute to the renewal of life, but also of a mother for the young Bes. It should not come as a surprise to us that the wife of Bes is often portrayed as a dwarf-lady [being the female counterpart of a deformed genie]. Even in those instances where Beset, just like Bes, has the facial features of a lion and his feathered hairdress, her short and arched legs are still those of a dwarf-lady. A receptive of a rather large size (fig. 59), currently in Leiden[112] and dating back to the Middle Kingdom, allows us to connect the Middle Kingdom demon, the possible origin of Beset, with the New

Kingdom oil containers in terracotta and alabaster. On this particular vessel, the naked and pregnant female holds, like Bes and Beset on occasion, a serpent in each hand.

We have started this discourse wondering what the connection could be between a dwarf-lady and an ibex. None other than Bes, the protector of new life — seated on a naked and corpulent dwarf-lady[113] (fig. 60) —, as well as master of desert animals — standing on top of an ibex or a gazelle[114] (fig. 61) —, has come forward. This trio, consisting of "Bes, the dwarf-lady and the ibex" is even united on a statue found among the Egyptian collection of the museum in Brussels[115] (cfr fig. 62). I can assure you that this piece was not manufactured on demand to further my cause!

Having realised that it was Bes who was the "missing link" between the ibex and the dwarf-lady on the alabaster barque of Tutankhamun, a thought crossed my mind: had there not been found among the numerous objects from the tomb of this pharaoh an alabaster statue portraying Bes? This object has been described by Mrs Desroches-Noblecourt as an ointment vase in the shape of a prophylactic lion. According to the author, Mahes, son of Sekhmet or Bastet is represented here[116] (fig. 63). Other authors have, however, identified this lion, whose forepaw is resting on the sign 𓍰 (= protection), while his tongue is out of his month and a feather crown ornates his head, as Bes. In my opinion there can be no doubt that we are dealing here with Bes. The two lions, standing upright and flanking Bes on one of the beds of Tutankhamun, are none other then Bes, in his form of a lion, as well[117].

Upon taking a closer look at the alabaster barque, standing on a chest, which undoubtedly brings to mind the water it was to navigate on, on the one hand and Bes, standing upon a pedestal in the shape of a stool, on the other, I have come to the conclusion that these objects must at one time have constituted a set. They are about the same height and similar decorative elements are found on both. Moreover, in researching their original location in the tomb, I was most pleasantly surprised: they were discovered one next to the other in the so-called annexe (fig. 64) This final piece of information took away any doubt I still might have. Clearly both pieces belong together and form a magnificent pair.

Let us conclude. The alabaster barque of Tutankhamun, which most likely functioned as a receptive for perfumes and which was placed on a basin destined to be filled with lotus- and other flowers, on the one hand, and the alabaster vase, depicting Bes as a lion on the other, made up a double New Year's, marriage, or even birth gift. The head of an ibex, attached to both stern and prow of this barque, has its place in a long standing Egyptian tradition — even if we are dealing with a Syrian ibex — and is to be situated in an Hathoric context. These heads have the same function as other decorations at the end of divine barques, namely to divert all harmful influences. At the same time, and in correlation with the heads of gazelles, the head of the ibex is also a symbol of regeneration. Let us not forget the gazelles attached to the forehead of royal concubines or the theme of the hunt for desert animals associated with the tree of life, ..., motifs that are not at all exclusively of Egyptian origin, but which are unmistakably linked with traditions spread throughout the entire Near East. Speaking plainly, I would conclude that the dwarf-lady is the companion, the girlfriend of Bes, whose field of expertise encompasses both the hunt and love. His victim, the desert animal, is his trophy, his means to divert all danger. Such an exquisite gift, with a wish of health and happiness expressed through symbolism, is of a unique nature, though, we must admit, quite cumbersome as well[118].

Addendum

The question still remains how the hunt for desert animals might be reconciled with the respect for new life. As such a question might lead us astray from the main subject of our discourse, I will limit myself to slightly touch upon two stories. The first one is taken from the Old Testament and is known to all: when Abraham is about to sacrifice his only son, Isaac, God brings forward a ram or a goat as a substitute offering[119]. The second tale relates a miracle in the Egyptian desert and has been translated to us through a rock inscription in the Wadi Hammamat (XIth Dynasty): workmen witness a gazelle giving birth to her young on a rock and subsequently offer the mother as a sacrifice[120].

Translated from the french by Filip Coppens

Noten

The footnotes, indicated by the author in arather abridged version, were completed by the editor. In the course of the research into the material collected by Jan Quaegebeur, new data and references have also come to light. As this information further enriched the manuscript, we have decided to add them to the text. These new additions to the footnotes have all been placed in between *straight brackets*.

Abbreviations:
ASAE = *Annales du Service des Antiquités de l'Egypte*
BIE = *Bulletin de l'Institut d'Egypte*
BIFAO = *Bulletin de l'Institut Français d'Archéologie Orientale*
CASAE = Cahiers des Annales du Service des Antiquités de l'Egypte
EPRO = Etudes préliminaires aux religions orientales dans l'empire romain
JNES = *Journal of Near Eastern Studies*
LÄ = *Lexikon der Ägyptologie*
MIFAO = Mémoires de l'Institut Français d'Archéologie Orientale
OLA = Orientalia Lovaniensia Analecta
OMRO = *Oudheidkundige Mededelingen van het Rijksmuseum van Oudheden te Leiden*
RdE = *Revue d'Egyptologie*

1 [Caire JE 62120 = C(arter) 578 = T 535 (spec. catalogue Tutankhamun), cfr B. PORTER & R. MOSS, *Topographical Bibliography of Ancient Egyptian Inscriptions* ... I, 2, Oxford, 1964, p. 585].

2 [The barque is also represented on an egyptianizing painting of Augustin Lesage (Arras 1876 - Le Caire 1954), *Les mystères de l'Antique Egypte*, 1930, private collection].

3 [These are the overall dimensions given by H. CARTER, *The Tomb of Tut-ankh-Amen*. III, London ..., (1933), p. 128 ("27 × 28 inches"); however, on the index cards of Carter, kept at present in the Griffith Institute, 66,8 cm (height) × 58,3 cm (maximum length) is noted. I have not been able to take any measurements of the object myself, though from the outside of the window-casing, 58,3 cm for the maximum length of the object seems to be quite reasonable. Should this indeed be the case, then the height of the object could not possibly be 66,8 cm as the length of the object clearly exceeds its height. Thus we are confronted with a problem that even the Journal d'Entrée of the Cairo Museum was not able to solve as the dimensions of the barque were not entered upon its arrival in the Museum].

4 Chr. DESROCHES-NOBLECOURT, *Toutankhamon. Vie et mort d'un pharaon*, (Paris), 1963, p. 95.
[At the time of the discovery of the tomb, this stick was still present as several photos taken by Harry Burton attest, cf. I.E.S. EDWARDS, *Toutankhamon. Sa tombe et ses trésors*, (Paris, 1978), p. 215 and 223; P. FOX, *Tutankhamun's Treasure*, London ..., 1951, pl. 71; the way the barque is displayed these days, the dwarf-lady no longer holds anything in her hands].

5 J. YOYOTTE, *Trésors des pharaons*, Genève, 1968, p. 128-132 in reference to the plate on page 126.

6 [After having examined the object in the Cairo Museum, I am convinced that the young woman is quite naked. Not a single trace, painted nor engraved, of a single piece of clothing can be distinguished. In fact, the presence of both earrings as well as bracelets at the wrists and the biceps — well-known instruments of seduction — only strengthen the idea that this lady was represented naked (on this, see also Postface, p. 156)].

7 Chr. Desroches-Noblecourt, *op. cit.*, p. 283 writes: ... il faut reconnaître (une seule et même personne) en la sœur de Néfertiti, Moutnedjemet, et celle qui devint l'épouse d'Horemheb. ... La charmante évocation féminine, accroupie à la proue de la barque d'albâtre à tête de bouquetin, retrouvée dans l'annexe de la tombe, la représente peut-être. A l'arrière de la barque, une naine rapelle l'escorte de celle qui fut, sans doute, la seconde fille d'Ay et de la nourrice royale Ti".

8 [M. Gabolde, *D'Akhénaton à Toutankhamon*, in print, reckons that the hairdress worn by the dwarf-lady was reserved for young teenagers only. However, the dwarf-lady has quite distinctive adult proportions and facial expressions, even though her breasts are not very pronunciated].

9 N. de G. Davies, *The rock-tombs of El-Amarna.* II, London, 1905, pl. VIII (tomb of Panehesy); V, London, 1908, pl. III (tomb of May); VI, London, 1908, pl. XVII (tomb of Tutu), XXVI et XXVIII (tomb of Ay).

10 P. 223.
[Carter notes the following in regards to this alabaster barque: "I have named it a "centre-piece" (for what else could it be?) carved of semi-translucent alabaster, engraved and painted with chaplets of fruit and flowers, as if to figure at a banquet or celebration of some kind" (H. Carter, *The Tomb of Tut-ankh-Amen.* III, London ..., (1933), p. 127); "Nothing, hitherto, has been found to enlighten us as to the true nature of this little monument. It is a relic of times gone by; of customs and manners with which ours have no affinity. Should, by chance, it belong to the series of model funerary barques, such as were found in the Innermost Treasury, of which many damaged and wooden examples were also found here, then it belongs to the purely ritualistic objects pertaining to burial custom. But, so far as can be ascertained, it seems to be purely fanciful, much like the little silver boat discovered among the Kames and Aah.hetep jewellery, and for that reason I am inclined to believe it to be a palace ornament and not really for funerary purpose" (*op. cit.*, p. 129-130)].

11 *Toutankhamon. Vie et mort d'un pharaon*, (Paris), 1963, p. 299 (in reference to pl. XXIV, p. 108).
[This is a widespread belief, cf. I.E.S. Edwards, *Toutankhamon. Sa tombe et ses trésors*, New York, (1978), p. 218, or the postal card published in 1963 by the Egyptian Ministry of Culture in support of the fund for the protection and maintenance of the Nubian monuments, and the verbal communications of the guides in the Cairo museum].

12 D.J. Osborne, *Corrections in the Identifications of the Alabaster Ibexes in Tutankhamun's Treasures*, in *JEA* 73 (1987), p. 243-244.
[The horns of an ibex, even those of young animals, can always be recognised by the presence of excrescences on the frontal part of the horns (cfr fig. 9 p. 17 and *infra*, n. 26), which are missing in the present case].

13 Cl. Gaillard, *Les tâtonnements des Egyptiens de l'Ancien Empire à la recherche des animaux à domestiquer*, dans *Revue d'Etnographie et de Sociologie*, III, 1912, p. 10 of the extract; J. Boessneck, *Die Tierwelt des Alten Ägypten*, München, (1988), p. 42 and fig. 28.
[See also M. Couturier, *Le bouquetin des Alpes*, Grenoble, 1962, p. 843-877 "Le bouquetin de Nubie et d'Abyssinie, *Capra aegagrus nubiana*". I especially would like to point your attention towards the fact that the nubian ibex has only been encountered on the right bank of the Nile, between Djebel Attakah and the Sudan (p. 846 and map p. 849). This ibex is in general smaller than the ibex from the Alps as its food is both of poorer quality and less abundant (p. 851, 873), though there is a close relation with the Syrian ibex (p. 853). In 1962 M. Couturier also notes "qu'il a disparu ou qu'il est en train de disparaître: les bouquetins de la réserve naturelle du Ouadi Rish Rash, à 85 km au sud-est du Caire, sont déjà devenus rarissimes" (p. 846, 877). In 1997, I was not able to find, despite a thorough

investigation, a single ibex in the Cairo zoo. However, to my great surprise, I encountered some in a private zoological garden along the highway to Alexandria (fig. **9**)].

14 [A.C.T.E. PRISSE D'AVENNES, *Histoire de l'art égyptien d'après les monuments*. II, Paris, 1878, pl. 47; C. VANDERSLEYEN et alii, *Das Alte Ägypten*, (Propyläen Kunstgeschichte, 15), Berlin, 1975, pl. XXIX. The facial features of the animal are clearly shown in A.G. SHEDID, *Die Felsgräber von Beni Hassan in Mittelägypten*, Mainz, 1994, p. 61].

15 [This note was cancelled in the english version].

16 [For instance I. WOLDERING, *L'Egypte des pharaons. Hommes et dieux*, Paris, (1967), pl. I, p. 13 (museum of Hildesheim); H. KANTOR, in *JNES* VII (1948), fig. 3, p. 50; H. ASSELBERGHS, *Chaos en beheersing*, Leiden, 1961, pl. VII n° 13 (Mac Gregor coll.); (Exhibition catalogue) *Nofret - Die Schöne. Die Frau im alten Ägypten*, Roemer- and Pelizaeus-Museum Hildesheim, 15. Juli - 4 Nov. 1985, n° 99, p. 18-19 = Hannover, Kestner-Museum, 1954.125].

17 H. ASSELBERGHS, *op. cit.*, n°s 127-128 = pl. LXX-LXXI and p. 330 (the palette was discovered at Hierakonpolis).

18 J. BOESSNECK, *op. cit.*, p. 36, fig. 23.

19 [For instance W.F. PETRIE, *Medum*, London, 1892, pl. XIV; T.G.H. JAMES, *The Mastaba of Khentika called Ikhekhi*, London, 1953, pl. XVII; W.F. PETRIE, *Deshasheh 1897*, London, 1898, pl. XI (tomb of Anta); N. DE G. DAVIES, *The Mastaba of Ptahhetep and Akhethetep at Saqqareh*. II, London, 1901, pl. XVI, XIX. – See also J. VANDIER, *Manuel d'archéologie égyptienne*. V, Paris, 1969, p. 6-8; B. BRENTJES, *Gazellen und Antilopen als Vorläufer der Haustiere im Alten Orient*, in *Wiss. Zeitsch. der M. Luther-Univ. Halle-Wittenberg* Juni 1962, p. 537, 539, 540; D. PATON, *Animals of Ancient Egypt*, San Antonio, 1994 (reprint of the 1925 edition), p. 11: E 18, a].

20 J. VANDIER, *Manuel d'archéologie égyptienne*. IV. *Bas-reliefs et peintures. Scènes de la vie quotidienne*, Paris, 1964, p. 787-833 (= la chasse dans le désert, jusqu'au Nouvel Empire); tome V, Paris, 1969, p. 1-58 (= défilés d'animaux du désert mêlés à des animaux d'élevage).
[For the Late Period, we have to mention, among others, the tomb of Petosiris in Tuna el-Gebel, cfr. *L'Egypte du crépuscule* (L'Univers des Formes, III), Paris, (1980), fig. 76, p. 94; and numerous ptolemaic temples, such as the one at Medamud].

21 Fig. 7 = B. PORTER & R. MOSS, *Topographical Bibliography* ... VI, Oxford, 1939, p. 181, 1-3; J. DE MORGAN, *Catalogue des monuments et inscriptions de l'Egypte ancienne*. II, 1, Vienne, 1895, p. 62 n° 67. Not only are these three horned animals driven forward by the person carrying the offerings, but they also figure all three on the platter that this person is carrying in his hands.
[I would like to thank Sylvie Cauville for having identified the document of J.Q.].

22 [For instance on a semi-cylindrical toilet-box from Sedment, currently kept in Manchester (Inv. 6975, cfr. photogr. FERE 21651). More information on these toilet-boxes can be found in the unpublished dissertation of A. Herbert, *Les boîtes de toilette cylindriques et semi-cylindriques des XVIIIe et XIXe dynasties*, Université catholique de Louvain, 1979.

23 [M. COUTURIER, *op. cit.*, p. 875-6 "les Bédouins mangent le bouquetin"; W. DARBY, P. GHALIOUNGUI & L. GRIVETTI, *Food: The Gift of Osiris*. I, London ..., 1977, p. 224 "the inclusion of these animals (=gazelle and cow) among the food offered in the procession supports the position that they were eaten"; B. BRENTJES, *loc. cit.*, p. 537, "la chair des antilopes est extrêmement savoureuse"; Cl. GAILLARD, *loc. cit.*, 1912, p. 10 and fig. 9 and 10 "La chair du bouquetin, très estimée, en faisait autrefois, comme de nos jours, un gibier recherché; il est donc extrêmement probable qu'il compta parmi les

premiers animaux ayant subi les essais de domestication des Egyptiens". – In my opinion, the ibex was only very occasionally fattened and eaten by the Egyptians, unlike what seems to be the case in the Near East (B. BRENTJES, *loc. cit.*, p. 538-9, 542). In fact, on the bas-relief in the mastaba of Mereruka not only the fattening of the animals in question is depicted (P. DUELL, *Mereruka*. II, Chicago, 1938, pl. 153), but also that of hyenas, which is without doubt a very exceptional practice. Most of the time ibex, oryx and gazelle are only part of an offering procession and never do these animals seem to play any role in scenes presenting livestock farming. See also L. KEIMER, *Interprétation de quelques passages d'Horapollon* (CASAE, 5), Le Caire, 1947, p. 16 and n. 1 "les Egyptiens ont fait des essais de domestiquer un certain nombre d'animaux sauvages, — parmi eux le bouquetin — mais ils les ont abandonnés de bonne heure"].

[24] The ibex was chased for yet another reason: his horns were also used in the manufacture of the composite bow. One of the registers of the stele of Nofer-Sehu (reign of Akhnaton), currently in the Louvre museum (A. MORET, *Revue arch.* 34, 1899, p. 231-239), might well be interpreted as a representation of a workshop where bows were manufactured when compared to similar paintings from the Theban area (S. WACHSMANN, *Aegeans in the Theban Tombs*, OLA 20, Leuven, 1987, p. 78-92). The person in the middle of this register appears to be holding part of a bow, of which the top portion seems to be the horn of an ibex [See as well G. ANDREU *et aliae*, *L'Egypte ancienne au Louvre*, (Paris), 1997, p. 136, Inv. C 259]. One of the bows recovered from the tomb of Tutankhamun is decorated with a scene representing the hunt for a nubian ibex.

[25] [Or in a private zoological garden near the Wadi Natrun, cfr fig. 9].

[26] [M. COUTURIER, *Le bouquetin des Alpes*, Grenoble, 1962, pl. LXXXVII, LXXXVIII and p. 861 "ces nodosités très saillantes sont au nombre de une ou deux par segment d'âge, ce qui permet de déterminer l'âge de l'animal (quand il y en a deux par segment d'âge, elles sont alors plus rapprochées que les autres). On ne compte jamais plus de 22 nœuds, et on peut constater parfois une asymétrie entre les deux cornes quant au nombre d'excroissances", p. 863 "les cornes de la femelle sont courtes, minces, peu divergentes et à peine recourbées vers l'arrière; elles ne présentent pas de protubérances sur la face antérieure" (see our fig. 9)]

[27] Inv. 11404 cfr *Staatliches Museum zu Berlin. Ägypten und das Berliner Ägyptische Museum*, Berlin, 1954, n° 21, p. 96 (around 500); B. LANDSTRÖM, *Ships of the Pharaohs*, London, 1970, p. 140-141, fig. 409 "Probably from the Twenty-fifth Dynasty is the bronze head of an ibex with gold inlay, preserved in East-Berlin. This has probably served to decorate the stem of a divine boat, or at least a boat of some religious importance. The ibex is not known to have represented any particular god, and was probably used in religious services only as a sacrificial animal"; *Ägyptisches Museum. Staatliche Museen zu Berlin, Stiftung Preussischer Kulturbesitz*, Mainz, 1991, p. 235, n° 142 "the object comes perhaps from Horbeit or Tell Basta, and may still date from the XIXth/XXth dynasty".

[28] I would like to thank Ms. Marie-Paule Vanlathem for bringing this piece to my attention.

[29] [This is undoubtedly not an object of similar quality as the barque of Tutankhamun. The difficulties the sculptor must have faced to detach from this ensemble an element as fragile as the horns stands without question. According to N. Reeves, who has been involved in the redirection of the inventory cards of the Egyptian collection of Freud, this object is a falsification. Personally, I would find it quite surprising that a forger should take the time to copy a detail so rare as the head of an ibex at the prow and stern of a ship. Moreover, the style of this workmanship closely resembles similar funerary models of the First Intermediate Period and the Middle Kingdom. Lastly, a small bronze presented later on in this book (fig. 62) shows an ibex with, as is the case in the example presented here, his horns turned down over his head].

30 F. DAUMAS, *Les propylées du temple d'Hathor à Philae*, in *ZÄS* 95 (1969), p. 10 and n. 65.

31 F. DE CENIVAL, *Le mythe de l'oueil du soleil* (Demotische Studien, 9), Sommerhausen, 1988, p. 67, col. 21, 8-9, 22-23; H. JUNKER, *Der Auszug der Hathor-Tefnut aus Nubien*, Berlin, 1911, p. 46.

32 D. VALBELLE, *Satis et Anoukis*, Wiesbaden, 1981, p. 118 and 124; B.E.J. PETERSON, *Zeichnungen aus einer Totenstadt*, Stockholm, 1973, pl. 19, p. 77 (= ostracon of Amenemipet from Deir el-Medina, currently preserved in Stockholm, O.29MM 14011).

33 [D. VALBELLE, *op. cit.*, p. 120].

34 [According to B. BRUYERE, *Rapport sur les fouilles de Deir el-Medineh (1935-1940)*, fasc. 2 (FIFAO XX/2), Le Caire, 1952, p. 7, the animal leaves "les chaos granitiques d'Assouan"].

35 Caire JE 43660 cfr J.-P. CORTEGGIANI, (Catalogue de l'exposition) *Centenaire de l'Institut français d'archéologie orientale*, Le Caire, 1981, n° 51, p. 74-75.

36 Caire JE 26227 cfr G. MASPERO, *Les momies royales de Deir el Bahari* (MMAF, 1), Paris, 1889, pl. 21b and p. 582: "Un cercueil en forme de gazelle contient une momie de gazelle émmaillottée. C'est quelque animal favori qui aura été déposé dans le puits avec le corps de la mâitresse à laquelle il appartenait", quoted by K.A. KITCHEN, *The Third Intermediate Period in Egypt (1100-650 B.C.)*, Warminster, (1973), § 48, n. 278.

37 B. PORTER & R. MOSS, *Topogr. Bibl.* I, 2, p. 628; H.E. WINLOCK, *Excavations at Deir el-Bahari 1911-1931*, New York, 1942, p. 98 and pl. 90 = *Bull. of the MMA* 19 (1924), Part II, p. 30, fig. 35, quoted by K.A. KITCHEN, *ibidem*.

38 M. EL-AMIR, *A Family Archive from Thebes*, Cairo, 1959, p. 110 (P. Phil. XXIV § 3: *t ḥt n gḥs.w*).

39 G. DARESSY, *La gazelle d'Anoukit*, in ASAE 18 (1919), p. 77 (reference to thousands of tombs of gazelles); D. VALBELLE, *op. cit.*, § 29, p. 107; Cl. GAILLARD & G. DARESSY, *La faune momifiée de l'antique Egypte* (Cat. gén. du Musée du Caire), Le Caire, 1905, n°s 29511, 29513-15, 29528 (origin: Kôm-Méreh = Komir), 29512 (origin: Kom Ombo); D. LORTET & Cl. GAILLARD, *La faune momifiée de l'ancienne Egypte*. I, Lyon, 1905, p. 78-86 (Kom Mereh, Kom Ombo, Tuna).

40 H. BEHRENS, *Neolithisch-frühmetallzeitliche Tierskelettfunde aus dem Nilgebiet und ihre religionsgeschichtliche Bedeutung*, in *ZÄS* 88, (1963), p. 76.

41 *Loc. cit.*, p. 80 – We also know of examples where the deceased was wrapped in the skin of an antelope. This seems to forecast the funerary customs of Asian bedouins mentioned later on in the tale of Sinuhe, to whom is said: "[toi] on ne te mettra pas dans une peau de mouton" (G. LEFEBVRE, *Romans et contes*, Paris, 1949, p 17). We can also refer to the nebrid *wt*, made out of antelope-leather, as a sacred protection against the divine mood (J.-Cl. GOYON, *Momification et recomposition du Corps Divin: Anubis et les canopes*, in *Funerary Symbols and Religion. Essays dedicated to Prof. M.S.H.G. Heerma van Voss*, Kampen, 1988, p. 37 and p. 42 n. 29). Might there not be a connection between the skin of an antelope and the sacrifice of an oryx, which we will discuss later on? On the other hand, these speculations do perhaps lead us astray from the main subject of our discourse.

42 A. EL-SAWI, *Excavations at Tell Basta. Report of Seasons 1967-1971 and Catalogue of Finds*, Prague, 1979, p. 76 and n°s 171-172.

43 A. GARDINER, *The goddess Nekhbet at the Jubilee Festival of Ramesses III*, in *ZÄS* 48 (1911), p. 47-51 (in regards to a scene from the tomb of Setau, highpriest of Nekhbet, in Elkab).

44 Occasionally, the head of a bovine can be distinguished next to the head of an antelope. Might we be dealing here with sacrificial animals whose heads were attached to a vessel as some sort of trophy?

45 B. LANDSTRÖM, *Ships of the Pharaohs*, London, 1970, p. 16-17; H.A. WINCKLER, *Rock Drawings of Southern Upper Egypt (including Uwenat)*. I (ASE - Mem. 12), London, 1938, pl. XIII, n° 34 (M 406a); F. EL-YAKHY, *Clarifications on the Gerzean Boat Scenes*, in BIFAO 85 (1985), pl. 34, n°s 20-22 = A.E.J. HOLWERDA, P.A.A. BOESER, J.H. HOLWERDA, *Beschrijving van de egyptische verzameling in het Rijksmuseum van Oudheden te Leiden*, Leiden, 1905, pl. I, fig. 18 (Inv F 1901/9 - 89), pl. II, fig. 3 (Inv F 1901/9 - 91) and p. 8 (= representations on vases).

46 H. ASSELBERGHS, *Chaos en beheersing*, Leiden, 1961, n° 55, pl. XXXVIII (lower register); B. LANDSTRÖM, *op. cit.*, n° 18, p. 14; G. BENEDITE, *Le couteau de Gebel el-Arak*, in *Mon. Piot* XII (1916), fig. 9 p. 19; U. SIEVERTSEN, *Das Messer vom Gebel el-Arak*, in *Baghdader Mitteilungen* 23 (1992), p.17, 43 & pl. 2b.

47 [Another example is found on the pyramidion of Ipuy from Deir el-Medina, cfr B. BRUYERE, *Rapport sur les fouilles de Deir el-Medineh (1923-1924)* (FIFAO II, 2), Le Caire, 1925, pl. VII].

48 [For instance on the stele of Neferrenpet from Deir el-Medina, currently in Turin (E. DELANGE, *Le scribe Nebmeroutef*, Paris, 1996, fig. 33, p. 36)].

49 G. JEQUIER, *Matériaux pour servir à l'établissement d'un dictionnaire d'archéologie égyptienne*, in BIFAO XIX (1922), p. 165-166.

50 A. ERMAN & H. GRAPOW, *Wörterbuch der äg. Sprache*. I, 173. See also L. KEIMER, *Interprétation de plusieurs passages d'Horapollon* (CASAE 5), Le Caire, 1947, p. 11 and n. 2.
[For even more detailed information: *Fouilles de Kition*. II. *Objets égyptiens et égyptisants*, Nicosia, 1976, p. 238].

51 [L. KEIMER, *op. cit.*, p. 2-3; several pre-ptolemaic examples of the use of a horn of an ibex instead of the plant are mentioned here].

52 [Other examples: H. BRUNNER, *Die südliche Räume des Tempels von Luxor* (Arch. Ver., 18), Mainz, 1977, pl. 74, 196; A. CALVERLEY, *Abydos* IV, London, 1958, pl. 7; *The Tomb of Kheruef. Theban Tomb 192* (Oriental Institute Publications, 102), Chicago, 1980, pl. 26].

53 [To the horns of an ibex as well one (or two) excrescence(s) is (are) added each year].

54 F. DAUMAS, *Valeurs phonétiques des signes hiéroglyphiques d'époque gréco-romaine*. I, Montpellier, 1988, p. 219 n° 157 [This sign represents a cow with lyre-shaped horns. It may have been mistaken for sign n° 263].

55 L. KEIMER, *op. cit.*, p. 3.

56 Caire JE 62122 = C(arter) 584 = T 545, cfr PORTER & MOSS, *Topographical Bibliography* ... I, 2, Oxford, 1964, p. 580; Chr. DESROCHES-NOBLECOURT, *Toutankhamon. Vie et mort d'un pharaon*, (Paris), 1963, p. 303 (27,5 cm high, 18,5 cm wide and 38,5 cm long); I.E.S. EDWARDS, *Toutankhamon. Sa tombe et ses trésors*, Paris, (1978), p. 219.

57 Figure 22 is published in J. VANDIER D'ABBADIE, *Catalogue des objets de toilette du musée du Louvre*, Paris, 1972, n° OT 598; *Encyclopédie photographique de l'art. Musée du Louvre*, Ed. Tel, p. 70a; (Catalogue de l'exposition) *Amenophis III. Le Pharaon-Soleil*, Paris, 1993, n° 86 p. 318 and n. 1 (the author of this note mentions several similar examples).

58 [Next to the figures represented here, there are numerous other examples to be added, such as: Hannover 1935.200.147 (I. WOLDERING, *Ausgewählte Werke der ägyptischen Sammlung*, Hannover, 1955, fig. n° 41); Toledo 1953.152 (Catalogue de l'exposition *Amenophis III. Le Pharaon-soleil*, Paris, 1993, n° 72 p. 301); Boston 24.879 (Exhibition catalogue *Africa in Antiquity*. I, Brooklyn, 1978, p. 83); J. VANDIER D'ABBADIE, *Musée du Louvre. Catalogue des objets de toilette égyptiens*, Paris, 1972, n^{os} OT 65-69, 71, p. 29-31, n°s 120, 121, p. 45; G. STEINDORFF, *Die Kunst der Aegypter*, Leipzig, 1928,

pl. 285a (Eton College, Great Britain). See also the extensive bibliography on this particular object in J. LECLANT, *A propos d'une terre cuite de Bes à l'oryx*, in *Hommages à Lucien Lerat. Annales Littéraires de l'Université de Besançon*, 294 (1984), p. 413].

59 [Next to these examples, all other themes generally associated with the "iconography of rebirth" are also present on this cup, such as: the head of a duck at the neck of the music instrument, an ointment 'cone' on top of the head of a woman, the vine, and papyrus or the lotus-flower].

60 **A**) Cup from the tomb of Maherpra in the Valley of the Kings: E.-C. STRAUSS, *Die Nunschale - Eine Gefässgruppe des Neuen Reiches* (MÄS 30), München, 1974, p. 22, fig. 20; G. DARESSY, *Fouilles de la Vallée des Rois* (Cat. gén. du Musée du Caire, n°s 24001-24990), Le Caire, 1902, pl. VI n° 24058; W. KRÖNIG, *Ägyptische Fayence-Schalen des Neuen Reiches*, in MDAIK 5 (1934), p. 164, fig. 30; G. STEINDORFF, *Die Kunst der Aegypter*, Leipzig, 1928, fig. 275; **B**) A cup from Ghurob showing a gazelle nurturing her young: W.M.F. PETRIE, *Illahun, Kahun and Gurob*, London, 1891, pl. XX n° 5; O. KEEL, *Das Böcklein in der Milch seiner Mutter und Verwandtes* (Orbis Biblicus Orientalis, 33), Freiburg - Göttingen, 1980, fig. 50 p. 87; **C**) Berlin 16674 (cup with several gazelles represented upon, cfr F. MATZ, *Frühgriechische Siegel*, Berlin, 1928, p. 44-5, fig. 11).

On the theme of the animal nurturing her young, a very common representation in Egyptian art, see: O. KEEL, *op. cit.*

61 [Next to these vases in the shape of an ibex and studied above by J.Q., there also exist vessels of which only the handle has been shaped into the face of an ibex (see Postface, fig. 71-72 and p. 148), not to mention numerous receptives decorated with one or more painted or engraved ibexes. Vessels made out of more precious materials, part of tributes from Syria and decorated with an ibex, also need to be added to this list of terracotta vases (J. LECLANT, *loc. cit.*, p. 410 and n. 16, 17)].

62 For instance Brit. Mus. GRA 50.2-27.58 (*Fouilles de Kition.* II *Objets égyptiens et égyptisants*, Nicosia, 1976, pl. XXXI, n° 4-5). This vase originated from Vulci in Etruria.

[We could also add to this example mentioned by J.Q. another vase *similar* to these New Year's flasks (as it is equipped with four heads of an ibex instead of the usual two on either side of the vessel): L. KEIMER, *Interprétation de plusieurs passages d'Horapollon* (CASAE 5), Le Caire, 1947, p. 10 fig. 7; or yet another so-called New Year's vase: Berlin 14500, cfr *Ägyptisches Museum. Staatliche Museen zu Berlin, Stiftung Preussischer Kulturbesitz*, Mainz, 1991, n° 108 p. 180].

63 ÄS 2729, cfr *Staatliche Sammlung Ägyptischer Kunst*, 2. erweiterte Auflage, München, 1976, p. 108 with figures; (Ausstellungskatalog) *Meisterwerke altägyptischer Keramik. 5000 Jahre Kunst und Kunsthandwerk aus Ton und Fayence*, Höhr-Grenzhausen, Rastal-Haus, 16 Sept. - 30 Nov. 1978, Montabaur, 1978, n° 274 p. 171 and pl. VII; *Staatliche Sammlung Ägyptischer Kunst München*, Mainz, 1995, fig. 110, p. 99 (origin unknown). The paste is red and fine.

64 *Un siècle de fouilles françaises en Egypte 1880-1980* (Exposition, Paris, Palais de Tokyo, 21 mai - 15 octobre 1981), Le Caire - Paris, 1981, p. 226-227 n° 255; H. GAUTHIER, *BIFAO* VI (1908), p. 144-145, pl. III "il s'agit d'une terre cuite extrêmement fine recouverte d'un vernis brillant". – Another vase in the shape of an ibex, with his legs tied, is kept in Brussels (E 6729) cfr M. WERBROUCK, *Département égyptien. Album*, (Bruxelles), 1934, pl. 81.

[See also L. KEIMER, *op. cit.*, p. 14 n. 4 and 5].

65 *Un siècle de fouilles françaises en Egypte 1880-1980* (Exhibition, Paris, Palais de Tokyo, 21 mai - 15 octobre 1981), Le Caire - Paris, 1981, p. 227 "la présence des deux faons et l'aspect lustré de la surface nous incitent à rapprocher cet objet d'une série de vases anthropomorphes représentant une femme et son enfant. Ces derniers étaient utilisés comme récipients à lait".

[66] This note was cancelled in the english version.

[67] [In the notes, only the name of J. LECLANT was mentioned. In the articles of the latter dealing with milk and the nourishment and offering of milk, the idea suggested by J.Q. is never explicitly expressed, though, according to Leclant, milk had invigorating qualities. The giving of milk seems to have permitted several "passages", of which the passage of one year to another, the "passage" of the New Year, seems to have been one (*Le rôle du lait et de l'allaitement d'après les Textes des Pyramides*, in JNES X (1951), p. 123-127; *Le rôle de l'allaitement dans le cérémonial pharaonique du couronnement*, in *Akten des XXIV. Intern. Oriental. Kongresses, München, 1957*, Wiesbaden, 1959, p. 69-71; *The Suckling of the Pharaoh as a Part of the Coronation Rites*, in *Abstracts of the IXth Intern. Congress for the History of Religions*, Tokyo, 1958, p. 224-225; *Le rôle de l'allaitement dans le cérémonial pharaonique du couronnement*, in *Proceedings of the IXth International Congress for the History of Religions, Tokyo and Kyoto 1958*, Tokyo, 1960, p. 135-145)].

[68] *L'Empire des Conquérants. L'Egypte au Nouvel Empire (1560-1070)* (L'Univers des Formes) (Paris, 1979), p. 245, fig. 248.

[Other examples: Moscow, Pushkin Museum 3632, cfr E. BRUNNER-TRAUT, *Die alten Ägypter*, Stuttgart ..., (1974), p. 66; BM EA 24652 and 54694 cfr G. ROBINS, *Reflections of Women in the New Kingdom.: Ancient Egyptian Art from the British Museum* (Exhibition, M.C. Carlos Museum, Emory University, Febr. 4 - May 4, 1995), San Antonio, 1995, n°s 39, 40 p. 74-76 and *Fouilles de Kition*. II. *Objets égyptiens et égyptisants*, Nicosia, 1976, pl. XXXII n° 3; Berlin 14476 cfr S. WENIG, *Die Frau im alten Ägypten*, Leipzig, (1967), n° 47 (fig.); Louvre AF 1660 and E 11276 cfr Chr. DESROCHES-NOBLECOURT, *Pots anthropomorphes et recettes magico-médicales dans l'Egypte ancienne*, in *RdE* 9 (1952), p. 49-67 and especially p. 62 for more information on the use of this vessel (the author also mentions a number of other examples)].

[69] BM EA 58793, New Kingdom, cfr G. ROBINS, *op. cit.*, n° 41 p. 77.

[70] For instance Caire JE 63753 cfr (J.-P. CORTEGGIANI), *Centenaire de l'Institut Français d'Archéologie Orientale* (Exposition, Musée du Caire, 8 janvier - 8 février 1981), Le Caire, 1981, p. 38 and 40, and B. BRUYERE, *Rapport sur les fouilles de Deir el-Medineh 1934-1935*. 2e partie. *La nécropole de l'est* (FIFAO XV), Le Caire, 1937, p. 81, 84-86, 184, fig. 40, 42, 103; p. 184-187, fig. 103; Louvre E 14468bis and N 1485 cfr J. VANDIER D'ABBADIE, *op. cit.*, n^os OT 580 and 581, p 134-135.

[See also Brooklyn 49.53 (Exhibition catalogue) *Egypt's Golden Age: The Art of Living in the New Kingdom*, Boston, Museum of Fine Arts, Febr. 3 - May 2, 1982, n° 402, p. 292; Chr. DESROCHES-NOBLECOURT, *loc. cit.*, p. 63 n. 2 and 3 (other examples); E. BRUNNER-TRAUT, *Horn als Gefäss*, in *LÄ* III, Wiesbaden, 1980, col. 8-9. – According to B. BRUYERE, *op. cit.*, p. 84-86, these horns contained eye drops; G. BENEDITE considered them to be cruets (*Le corne récipient dans l'ancienne Egypte*, in *Revue d'Ethnographie*, 1ère année, t. II, 1920, p. 86); Chr. DESROCHES-NOBLECOURT, *Pots anthropomorphes et recettes magico-médicales dans l'Egypte ancienne*, in *RdE* 9 (1952), p. 66-67, suggests that these horns, which might have been used as droppers, served as vaginal injection devices and were part of a gynaecological treatment (Benédite remarked correctly that in most cases these horns were discovered in tombs of women). E. BRUNNER-TRAUT, *Gravidenflasche. Das Salben des Mutterleibes*, in A. & E. KUSCHKE (edit.), *Archäologie und Altes Testament. Festschrift für Kurt Galling*, Tübingen, 1970, p. 43-46, summarises all interpretations of the purpose of these horns brought forward thus far and concludes that they served as receptacles to hold the moringa oil (these days known as behen-oil), which was used to treat the stretch marks of pregnant women. For more information on the moringa oil, see R. GERMER, *Öle*, in *LÄ* IV, 1982, col. 552; EADEM, *Moringaölbaum*, *loc. cit.*, col. 206-207].

[71] [E. BRUNNER-TRAUT, *loc. cit.*, p. 45].

[72] Caire JE 34403, from Abydos, XVIIIth Dynasty, cfr *La femme au temps des pharaons* (Exposition, Bruxelles, Musées royaux d'art et d'histoire, 30/11/1985 - 28/2/1986), (Le Caire-Mayence), 1985, n° 7 p. 25.

[73] [For instance Berlin 24018 (S. WENIG, *Die Frau im alten Ägypten*, Leipzig, 1967, n° 47); Tübingen 967 (E. BRUNNER-TRAUT & H. BRUNNER, *Die ägyptische Sammlung der Universität Tübingen*, Mainz, 1981, p. 126 and pl. 96); Boston 02.525 (Exhibition catalogue) *Egypt's Golden Age*, Boston, 1982, n° 404, p. 293: noteworthy is the fact that the pregnant woman is wearing an hathoric wig; Brooklyn L 60.7 (*Fouilles de Kition. II. Objets égyptiens et égyptisants*, Nicosia, 1976, pl. XXXII n° 4-5: the pregnant woman is holding a horn, containing oil, in her hands, cfr *supra*); Chicago Or. Inst. 11313, cfr (Exhibition catalogue) *Mistress of the House, Mistress of Heaven*, Cincinnati Art Museum, 20 Oct. 1996 - 5 Jan. 1997, 1997, p. 63. An inventory of these vases can be found in E. BRUNNER-TRAUT, *Gravidenflasche. Das Salben des Mutterleibes*, in A. & E. KUSCHKE (edit.), *Archäologie und Altes Testament. Festschrift für Kurt Galling*, Tübingen, 1970, p. 36-39].

J.Q. To this context might also be added two magnificent alabaster vases depicting a female monkey holding her young. These receptives were found some 10 years ago by Michel Vallogia in mastaba V at Balat (M. VALLOGGIA, *Deux objets thériomorphes découverts dans le mastaba V de Balat*, in *Livre du Centenaire de l'IFAO*, Le Caire, 1980, p. 143-151). –] I do not have the time to go any further into the symbolic significance of the monkey [See M. VALLOGGIA, *BIFAO* 93, 1993, p. 401 sv.].

[74] [This idea had already been expressed by L. KEIMER, *op. cit.*, p. 14 "Doit-on prendre la fameuse barque en albâtre pour un cadeau offert au roi à l'occasion des fêtes de Nouvel An comme la série des différents objets représentés dans la tombe de Kenamon? J'avoue que cette interprétation me paraît être possible et même probable"].

[75] Chr. DESROCHES-NOBLECOURT, *Le vase de mariage du roi Niqmad d'Ugarit avec une princesse égyptienne*, in Cl. SCHAEFFER, *Ugaritica* III, Paris, 1956, p. 180-220 + fig. 118 p. 165; EADEM, *Toutankhamon. Vie et mort d'un pharaon*, Paris, 1963, p. 279 (fig. 181) stipulates that this object is currently in the museum of Damascus.

[76] Several documents from the Amarna period show a queen pouring a drink for her husband (or vice versa): Chr. DESROCHES-NOBLECOURT, *op. cit.*, p. 205, fig. 126 (on a scene from tomb 2 at el-Amarna, Nefertiti pours Akhnaton a drink through a filter), p. 147, fig. 85 (on a sketchy relief, currently in Berlin, a queen, wearing the *khepresh*, pours the king a drink), pl. XIa (gilded naos of Tutankhamun: the king pours his wife Ankhesenamun a drink).

[77] She is holding two hathoric emblems in her hands: the sistrum and the *menat*-necklace.

[78] It was discovered in the so-called tomb of the three princesses, situated in a small valley of the Theban necropolis, the Wadi Gabbanet el-Qurud (B. PORTER & R. MOSS, *Topographical Bibliography* I, 2, Oxford, 1964, p. 591-592). See also W. HAYES, *The Scepter of Egypt*. Part II, Cambridge, 1959, p. 130-133, and H.E. WINLOCK, *The Treasure of three Egyptian Princesses* (The MMA Department of Egyptian Art, 10), New York, 1948, p. 16-17 and pl. VI, VII.

[79] MMA 68.136.1c cfr C. VANDERSLEYEN et al., *Das alte Ägypten* (Propyläen Kunstgeschichte, 15), Berlin, 1975, fig. 395a, p. 390 (possibly originating from Silhiya near Tanis?); P.F. HOULIHAN, *The Animal World of the Pharaohs*, Cairo, 1996, fig. 47 p. 64.

[Next to these three examples cited by J.Q. others might be added: A. YOUSSEF, in *ASAE* 48 (1948), pl. V right (= tomb of Pairy TT 139; the gazelle's head is hardly visible on the photo, but B. PORTER & R. MOSS, *Topogr. Bibl.* I, Oxford, 1960, p. 253 (I) identify the young woman as a "royal concubine");

two daughters of Ramses II, Merytamun and Bentanta, on a temple wall (currently destroyed) of Ramses II in Elkab (A. WILKINSON, *Ancient Egyptian Jewellery*, London, (1971), p. 117 fig. 51, cfr B. PORTER & R. MOSS, *op. cit.*, V, Oxford, 1937, p. 175) – It is very interesting to observe that the chair of Satamon, the vase-fragment from Ugarit and the tombs of Menna and Pairy are all contemporary monuments, dating from or around the reign of Amenhotep III (I am not convinced that queen Ahmes-Nefertari, in tomb of Tetiky n° 15, has the head of a gazelle attached to her forehead as is suggested by L. TROY, *Patterns of Queenship*, Uppsala, 1986, p. 129). Moreover, princess Satamon as well as the daughters of Menna and Ramses II all carry a sistrum and a *menat* necklace (and on occasions even titles) linking them with Hathor (B. RADOMSKA, *Gedanken zum Lehnstuhl der Königstochter Sat-Amun, CG 51113*, in *Religion und Philosophie im Alten Ägypten. Festgabe für Ph. Derchain* (OLA, 39), Leuven, 1991, p. 269-271].

80 C. ALDRED, *Jewels of the Pharaohs*, London, 1971, p. 204, quoted by L. TROY, *op. cit.*, p. 129 and E. FEUCHT in C. VANDERSLEYEN et alii, *Das alte Ägypten*, Berlin, 1975, p. 390.

81 A.M. DONADONI ROVERI (sous la direction de). *Civilisation des Egyptiens. Les croyances religieuses*, Torino, (1988), p. 169 fig. 231 (= CGT 50066).

82 W.K. SIMPSON, *Reschef*, in *LÄ* V, Wiesbaden, 1984, col. 245.

83 E. BRUNNER-TRAUT, *Gazelle*, in *LÄ* II, Wiesbaden, 1977, col. 426-427, n. 16; L. TROY, *Patterns of Queenship*, Uppsala, 1986, p. 130.

84 S. HODJASH & O. BERLEV, *The Egyptian Reliefs and Stelae in the Pushkin Museum of Fine Arts, Moscow*, Leningrad, 1982, cat. 182.

85 [A similar theme is found on a golden amulet in the museum of Hildesheim (Inv. 5922, XVIIIth/XIXth Dynasty), cfr *Pelizaeus-Museum Hildesheim. Die ägyptische Sammlung* (Zaberns Bildbände zur Archäologie, 12), Mainz, 1993, p. 68 fig. 62].

86 Caire JE 72024, discovered in Deir el-Medina, cfr B. BRUYERE, *Rapport 1935-1940*, fasc. 2. *Trouvailles d'objets* (FIFAO, XX), Le Caire, 1952, p. 42, 72-73 (n° 118), pl. XXXIX; J.-P. CORTEGGIANI, *Centenaire de l'Insitut Français d'Archéologie Orientale* (Exposition, Musée du Caire, 8 janvier - 8 février 1981), Le Caire, 1981, p. 64 n° 45.

87 Chr. KEPINSKI, *L'arbre stylisé en Asie occidentale au 2e millénaire avant J.-C.* (Recherche sur les civilisations. Cahier 7), Paris, 1982 (the author cites a couple of Egyptian documents); E. HERMSEN, *Lebensbaumsymbolik im alten Ägypten*, Köln, 1981.
[See alsoo H. DANTHINE, *Le palmier-dattier et les arbres sacrés dans l'iconographie de l'Asie occidentale ancienne* (Bibliothèque archéologique et historique XXV), 2 vol., Paris, 1937; J. LEIBOVITCH, *La statuette en ivoire de Helmiyeh,* in *ASAE* XLVIII (1948), p. 245-258 and particularly fig. 1 p. 246].

88 In the documents gathered by J. Quaegebeur, a golden pendant was also mentioned. This object had been discovered at Ras-Shamra and depicts a naked goddess, wearing an hathoric wig, and holding a horned animal in her hands, while standing on top of a lion (Louvre AO 14714). It clearly indicates the association between caprines on the one hand and Hathor on the other — an idea already suggested by J.Q. at the beginning of his discourse.
[Hathor and an ibex are each other counterparts on a fragment of a vase, decorated with reliefs, in the museum in Cairo: CG 3608 a-b].

89 A. BADAWY, *L'art copte. Les influences égyptiennes*, Le Caire, 1949, p. 41-42.

90 Cfr M. MALAISE, *La perception du monde animal*, in *Anthropozoologica* 7 (1987), p. 36 "Les habitants du désert, comme les gazelles, conditionnées pour vivre dans ce milieu hostile et mettre en échec la mort, deviendront à leur tour symboles de renaissance et garniront coupes et cuillers à fard offertes aux défunts".

91 [J. LEIBOVITCH, *Quelques éléments de la décoration égyptienne sous le Nouvel Empire. Le griffon*, in *BIE* XXV (1943), p. 197].

92 The theme of Horus detaining the oryx has been brought in relation — though without any in depth study — with the theme of the sacrifice of the oryx, known from the New Kingdom up until Roman times and studied by Ph. Derchain [*Le sacrifice de l'oryx* (Rites égyptiens, 1), Bruxelles, 1962]. In those texts that deal with this subject, the animal is associated with Seth and incarnates the enemy of the "eye of Re". However, the oryx is not only referred to in a negative way, but is also mentioned for the use of his leather. It is not my intention to go in detail into the several questions raised by this assimilation between the oryx and Seth (the god of chaos and negative forces), an association which can be extrapolated to other desert animals, that were also part of sacrificial rites, as well. I would nonetheless like to quote a phrase of Derchain: "la malédiction attachée à l'antilope est une invention postérieure au Nouvel Empire" (*op. cit.*, p. 15). This ambiguity surrounding the ibex — as this sacrificial animal is at the same time the incarnation of evil forces and a promise of the renewal of life (seeing that the sacrifice of the oryx commands the return of the star of the day) — is also found with other animals, such as the hippopotamus, the emblem of Thoeris.

93 See also Leyden A 1054, cfr W.D. VAN WIJNGAARDEN and B.H. STRICKER, *Magische Stèles*, in *OMRO* N. S. XXII (1941), pl. I facing p. 1 (the authors mention numerous similar stelae on p. 6-38, + bibliography p. 36).
[See also O. LOLLIO BARBERI, G. PAROLA and M.P. TOTI, *Le Antichità Egiziane di Roma Imperiale*, (Roma, 1995), n° 26 p. 167 (Capitoline Museum Inv. 2160); bibliography (p. 114-116) of the article of R.K. RITNER, *Horus on the Crocodiles. ...* in *Religion and Philosophy in Ancient Egypt* (Yale Egyptological Studies, 3), New Haven, 1989, p. 103-116; V. TRAN TAM TINH, in *Lexicon iconographicum mythologiae classicae*. III, 2, Zürich-München, 1986, p. 82 n° 56b (Brooklyn 60.73) and III, 1, p. 103].

94 Horus and Bes are associated from the Late Period onwards (M. MALAISE, *Bès et Béset: métamorphoses d'un démon et naissance d'un démone dans l'Egypte ancienne*, in *Anges et démons* (Homo religiosus, 14), Louvain-la-Neuve, 1989, p. 54).

95 [It is very striking to note that on the other frieze of the same building, the head of the god Bes is no longer depicted in alternation with heads of gazelles, but with the effigy of Hathor (F. DAUMAS, *Les mammisis de Dendara*, Le Caire, 1959, pl. LXV-LXVIII). This only seems to confirm the correlation, as already suggested at the beginning of this exposé, between the gazelle (or the ibex) on the one hand and the goddess Hathor on the other (p. 20-22, 116 and *supra* n. 88)].

96 [For more information on Bes as a hunter, see J. LECLANT, *A propos d'une terre cuite de Bès à l'oryx*, in *Hommages à Lucien Lerat. Annales Littéraires de l'Université de Besançon*, 294, (1984), p. 409-411, 413].

97 [I wish to thank Sylvie Cauville for having identified the present location of this document].

98 IInd mill. BC (R. DU MESNIL DU BUISSON, *Etudes sur les dieux phéniciens hérités par l'empire romain* (EPRO 14), Leiden, 1970, p. 89-90 and fig. 23).

99 See also E. GUBEL, *Phoenician Lioness Heads from Nimrud: Origin and Function*, in Studia Phoenica III, Leuven, 1985, fig. 9 and p. 195 (On an ivory from Nimrud, Astarte is depicted on top of an Egyptian divinity with the head of a lion (Sekhmet) and flanked by two caprines).

100 [This detail brings to mind the Satirical Papyrus of London (Brit. Mus., Ramesside era), where a lion is seen playing a game of *senet* with a gazelle, before penetrating her (R. LEPSIUS, *Auswahl der wichtigsten Urkunden des aegyptischen Alterthums*, Leipzig, 1842, pl. XXIII; J.A. OMLIN, *Der Papyrus 55001 und seine satirisch-erotischen Zeichnungen und Inschriften,* Torino, 1973, pl.XX.a)].

101 M. MALAISE, *loc. cit.*, p. 55.

102 [These objects are signs attached to shafts].

103 CG 38730, cfr G. DARESSY, *Statues de divinités* (CG 38001-39384), Le Caire, 1905, pl. XL and p. 188.

104 *Fouilles de Kition*. II. *Objets égyptiens et égyptisants*, Nicosia, 1976, n° 19 p. 241 (= Louvre E 3090). [Parallels: *op. cit.*, pl. XXXII, 11-12 (= BM EA 26267) and n° 21 p. 241 (= BM EA 23375); J. BULTE, *Talismans égyptiens d'heureuse maternité*, Paris, 1991, pl. 1a-b (Caire JE 39419), 3a-b (Caire JE 67070), 9a-b (Brooklyn 37.309E), 14d (Louvre MNB 98)].

105 [Parallel: *Fouilles de Kition*. II, n° 20, p. 241 (BM EA 11820). – Remark how on a figurine (Cairo JE 41224) the horned animal on the back of the hairdress of Bes has been replaced by what seems to be a pregnant cat, another element referring to rebirth (on the other side, Bes no longer breastfeeds the child, but holds the young Bes, standing upright, in front of him)].

106 For the latest data see M. MALAISE, *Bès et Béset...*, in *Anges et démons* (Homo religiosus, 14), Louvain-la-Neuve, 1989, p. 59-60.

107 [Similar examples: P. PERDRIZET, *Les terres cuites grecques d'Egypte de la collection Fouquet*, Nancy ..., 1921, pl. XLIII (underneath to the right) and pl. XLIV (in the middle); Caire CG 38728; Louvre N 4244, cfr P. BALLET, *Potiers et fabricants de figurines dans l'Egypte ancienne*, in *Cahiers de la céramique égyptienne* 4 (1996), pl. III, 8 = F. DUNAND, *Catalogue des terres cuites gréco-romaines d'Egypte* [Musée du Louvre], (Paris, 1990), n° 65 p. 49 = V. TRAN TAM TINH, in *Lexicon iconographicum mythologiae classicae*. III, 2, p. 91 n° 14b (the face is rather grotesque, but the hairdress is the curly hairdress of a woman); IDEM, *ibidem*, III, 1, p. 113, *sub verbo* "Besit allaitant Bès"].

108 M. MALAISE, *loc. cit.*, p. 61-62.

109 Louvre E 11138 (V. TRAN TAM TINH, in *Lexicon iconographicum mythologiae classicae*. III, 2, Zürich-München, 1986, p. 78 n° 31b); see also Allard Pierson Museum Inv. 7947, cfr W.M. VAN HAARLEM, *Allard Pierson Museum Amsterdam*. III. *Stelae and Reliefs* (Corpus Antiquitatum Aegyptiacarum), Amsterdam, 1995, p. 34-35.

[We can add the following parallels: Louvre E 2399, cfr F. DUNAND, *Catalogue des terres cuites gréco-romaines d'Egypte*, (Paris, 1990), n° 59 p. 47 (in this case Beset does not have the facial features of a lion, but that of a female); V. TRAN TAM TINH, in *Lexicon iconographicum mythologiae classicae*. III, 1, Zürich-München, 1986, p. 103 *sub verbo* "Bès dansant" and p. 112 *sub verso* "Besit dansant". Bes is also represented dancing on the arm-rests of two chairs of Satamon, Caire CG 51112 and 51113].

110 J.E. QUIBELL, *Excavations at Saqqara (1905-1906)*, Le Caire, 1907, pl. XXVII-XXVIII.

111 [On the alabaster barque, the dwarf-lady is completely naked except for the bracelets, well-kown instruments of seduction, at the wrists and the biceps].

112 Inv. F 1984/11.3, cfr M.J. RAVEN, *A Puzzling Patoikos*, in *OMRO* 67 (1987), p. 7-19.

113 Louvre MNB 98 cfr *Fouilles de Kition*. II. *Objets égyptiens et égyptisants*, Nicosia, 1976, p. 241, n° 22; *Religio phoenicia. Acta Colloquii Namurcensis ... 1984* (Studia Phoenicia, IV), Namur 1986, fig. 5a p. 134; V. TRAN TAM TINH, in *Lexicon iconographicum mythologiae classicae*. III, 2, Zürich-München, 1986, p. 86, in the middle and at the bottom of the page.

114 Tübingen Inv. 1352, cfr E. BRUNNER-TRAUT & H. BRUNNER, *Die Ägyptische Sammlung der Universität Tübingen*, Mainz, 1981, pl. 160 and p. 305-306 "Der sehr seltene Figurentyp gehört zu "Bes als Herr der wilden Tiere". Zweifellos triumphiert er als Schutzdämon über dem in Steinbock verkörperten Bösen, das er in die Knie gezwungen hat, wie ähnlich Harpokrates siegreich auf den Krokodilen

steht"; Strasbourg, Institut d'Egyptologie Inv. 1659, cfr J. PARLEBAS, *Antiquités égyptiennes* (Exposition, Strasbourg, Ancienne Douane, 12 juillet - 15 octobre 1973), (Impr. à Strasbourg), 1973, fig. 58 p. 42 (cat. 173). – Bes is once more associated with an ibex on one of the chairs of princess Satamon, CG 51111: Bes figures on the back of the chair, while on each arm-rest an ibex is depicted (E.J. QUIBELL, *The Tomb of Yuaa and Thuiu*, Le Caire, 1908, pl. XXXII).

[See also V. TRAN TAM TINH, in *Lexicon iconographicum mythologiae classicae* III, 1, p. 110 *sub verbo* "Bès maître des animaux sauvages"].

115 Bruxelles, Musées royaux d'art et d'histoire E 6755, cfr M. WERBROUCK, *Les multiples formes du dieu Bès*, in *Bulletin des Musées royaux d'art et d'histoire*, 11e année (1939), fig. 5 and p. 78 + n. 4.

[Contrary to the beliefs of J.Q., this piece is not so unique. I have taken the liberty to replace the photo of the object in the museum in Brussels with that of an object in the Louvre, seeing that the latter is not only better preserved, but the photo is of a better quality as well; our fig. 62 (Louvre E 22874) = V. TRAN TAM TINH, in *Lexicon iconongraphicum mythologiae classicae* III, 2, Zürich-München, 1986, n° 93c p. 86. – A third example is most likely still part of the collection of the museum in Cairo. The legs of the dwarf-lady have been broken off on this example (JE 44706, bronze, from Ehnasiya). On yet two other examples (IDEM, *ibidem*, III, 2, p. 85 n° 93b and K. PARLASCA, *Zwei ägyptische Bronzen aus dem Heraion von Samos*, in *AM* 68, 1953, p. 133, n° 16, Beil. 46), a frog has taken the place of the ibex. For more information on the symbolic value of the frog, see J. LECLANT, *La grenouille d'éternité des pays du Nil au monde méditerranéen*, in *Hommages à Maarten J. Vermaseren* (EPRO, 68), Leiden, 1978, p. 563 "cet animal chtonien, paraissant surgir spontanément du limon chauffé par le soleil à la décrue du Nil, est devenu le symbole de la création, de la vie qui renâit sans cesse (...) il est un symbole constant de résurrection"; M. MALAISE, *La perception du monde animal*, in *Anthropozoologica* 7 (1987), p. 43 n. 3 "On croyait que les grenouilles naissaient de la vase et qu'après six mois elles y rentraient pour renaître ensuite"; Ph. DERCHAIN, *Miettes*, in *RdE* 30 (1978), § 10 p. 65 "qu'il s'agisse de la déesse Heket qui préside à la naissance ou des dieux batrachocéphales d'Hermopolis issus, par une sorte de génération spontanée, de l'increé primordial, la grenouille est liée à l'apparition de la vie ..."].

116 Caire JE 62114 = C(arter) 579 = T 544 (spec. catal. TAA), cfr *Toutankhamon et son temps*, (Exposition, Petit Palais, Paris, 17 février - juillet 1967), Paris, 1967, n° 35 p. 162-165.

117 JE 62016 = C 47, cfr N. REEVES, *Toutankhamon. Le roi, la tombe, le trésor royal*, (Paris, 1991), p. 180; H. CARTER, *The Tomb of Tutankhamun*. I, London ..., 1923, pl. XLIX. – On the chairs of princess Satamon (Caire CG 51111, 51112, 51113), a female hippopotamus is seen on either side of Bes. These animals constitute, just like Beset, the female counterpart of Bes.

118 [This study was the first undertaken by Jan Quaegebeur, philologist from formation, in the domain of art history. The polyvalent researcher — he was also an extraordinary egyptologist, papyrologist, demotic and ptolemaic scholar and archaeologist — that he was, he addressed this study with the same vigour that he undertook all others with. A communication, entitled "*The Naked Girl and the Goose: a Motif of Rebirth*" (*Abstracts of papers*, p. 147-148) at the 7th International Congers of Egyptologists (Cambridge, 3-9 September 1995) was to be the sequel to this tale. He passed away three weeks before the start of the congress].

119 Genesis 22.

[As the sacrifice of Isaac prefigures the sacrifice of Christ — to his following the promise of resurrection — we must underline that it is a horned animal that saves the designated victim].

[120] J. COUYAT - P. MONTET, *Les inscriptions rupestres hiéroglyphiques et hiératiques* du *Ouadi Hammamat* (MIFAO, 34), Le Caire, 1913, p. 77 n° 110 l. 1-5 (cited by L. TROY, *Patterns of Queenship*, Uppsala, 1986, p. 130). This event is in contradiction with the biblical recommendation not to kill a mother who is breastfeeding her young, cfr H. GOEDICKE, in *JNES* 42 (1983), p. 302-303. [However, the point is somewhat more complex, because the stone upon which the gazelle gave birth was excellently suited for manufacturing the lid of a sarcophagus].

Postface

par N. Cherpion

Toute l'étude de Jan Quaegebeur a mis en valeur le fait qu'avant d'être une œuvre d'art, la barque d'albâtre de Toutankhamon est d'abord un objet «à message». Je me permettrai de revenir encore une fois sur les têtes de bouquetin qui décorent les deux extrémités de la nacelle.

La corne du bouquetin, dont les anneaux de croissance suggèrent le renouvellement de la vie comme l'ont montré L. Keimer et Jan lui-même, est si caractéristique chez cet animal que cet élément suffit à lui seul pour évoquer le capriné sur les blasons de certaines communes du Canton des Grisons en Suisse (fig. 65). On peut d'ailleurs se demander si la corne de bison que tient en main la Vénus de Laussel (fig. 66) n'exprimerait pas aussi et pour les mêmes raisons le renouvellement de la vie: elle est elle-même caractérisée par des anneaux de croissance bien marqués et pourrait être mise en rapport avec le fait que la femme pose clairement son autre main sur son ventre (comme pour indiquer une possible grossesse) et que les attributs de la reproduction sont nettement accentués (seins lourds et bassin largement développé)[1].

En-dehors des anneaux de croissance — ou plutôt des excroissances sur la face antérieure des cornes, correspondant à des segments d'âge[2] —, je me suis demandé si des (ou une) caractéristique(s) supplémentaire(s) du bouquetin ne pouvai(en)t expliquer le succès considérable de cet animal, notamment dans l'art du Proche-Orient et de la Mésopotamie où il est omniprésent[3]. L'ouvrage le plus intéressant à ce sujet est celui de Marcel Couturier, *Le bouquetin des Alpes*, Grenoble, 1962, qui, sans que le titre le laisse supposer, traite également de toutes les autres espèces de bouquetin, y compris le bouquetin nubien et le bouquetin syrien[4]. On y apprend qu'une caractéristique fondamentale du bouquetin est son ardeur génésique et son

Fig. 65. Blasons de quelques communes du canton des Grisons (Suisse) (d'après M. Couturier, *Le bouquetin des Alpes*, Grenoble, 1962, pl. XCVIII).

aptitude à la reproduction. C'est d'ailleurs aussi la caractéristique du bouc domestique, dont Buffon nous dit «qu'un seul animal peut suffire à plus de 150 chèvres pendant deux ou trois mois»[5]. «L'appétence sexuelle est telle chez l'ibex alpin qu'elle représente, parmi les manifestations de son comportement, l'une des plus spécifiques, des plus intéressantes et des plus variées»[6]. C'est pourquoi M. Couturier «donne à ce chapitre un développement inhabituel»: 28 pages, sans compter celles consacrées à la reproduction elle-même[7]. Le ton de l'auteur, qui est celui du récit le plus objectif, basé sur d'interminables heures de guet et d'observation dans les montagnes de Suisse et d'Italie, est aussi captivant que les informations qu'il nous livre, peu connues des égyptologues[8]. Le bouquetin de Nubie étant fort proche de l'ibex alpin — la différence essentielle entre les deux espèces est une différence de taille et de poids, due à la différence de nourriture dont disposent l'une et l'autre — tout ce que M. Couturier lui-même ou les gardes forestiers des réserves naturelles des Alpes (essentiellement le Parc National du Grand Paradis en Italie) ont pu observer, les Egyptiens de l'Antiquité n'ont certainement pas manqué de le noter aussi, en excellents observateurs de la nature qu'ils ont toujours été.

Une autre raison devait pousser les Egyptiens à noter ces détails: leur intérêt pour tous les animaux dont la capacité de reproduction est spectaculaire. On connaît ainsi leur prédilection pour le motif du chat et du canard, deux animaux au tempérament particulièrement chaud[9]. La composition la plus extraordinaire à ce point de vue

Fig. 66. Vénus à la corne, provient de Laussel (Dordogne), env. 20.000 avant J.-C. (Musée d'Aquitaine, Bordeaux, Inv. 61.3.1).

— car parfaitement invraisemblable — est celle qu'on trouve dans la tombe thébaine d'Aanen (XVIIIe dynastie): sous le siège de la reine Tiyi, sœur du défunt, on aperçoit un trio formé d'un chat qui passe sa patte autour du cou d'un canard, tandis qu'un singe en vol plané remplit l'espace restant entre les pieds du siège — le cercopithèque étant sans doute une allusion aux artifices de la séduction féminine[10] — (fig. 67)[11]. Même si sur le plan artistique le tableau est particulièrement délicieux, il va de soi que ce n'était pas là le but poursuivi par le peintre: l'image était destinée à assurer une progéniture nombreuse au défunt, et ainsi à assurer sa survie. Au canard et au chat, il faut donc ajouter le bouquetin, bien que cet animal soit beaucoup plus rarement représenté sous le siège des défunts (fig. 68)[12]. Le bouquetin n'étant pas

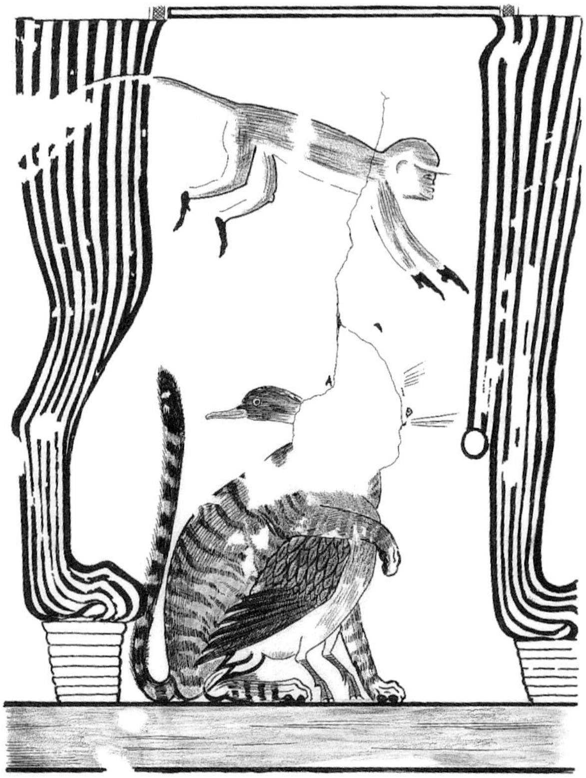

Fig. 67. Trois animaux sous le siège de la reine Tiyi dans la tombe d'Aanen, XVIIIe dynastie (d'après J. Boessneck, *Die Tierwelt des Alten Ägypten*, München, 1988, fig. 88).

par ailleurs un animal domestique, sa présence occasionnelle renforce l'idée que lorsque le chat, le canard ou le singe apparaissent à cet endroit, ce n'est pas non plus en tant qu'animaux favoris ni pour constituer un détail anecdotique, mais comme symboles de fécondité[13].

Le fait que, sur la barque d'albâtre de Toutankhamon, l'un des bouquetins a conservé une boucle d'oreille en forme de grenade (cfr frontispice) — à l'origine, les caprinés en portaient tous les deux, car les autres oreilles sont percées — en dit long aussi sur le sens qu'il faut accorder aux animaux à la proue et à la poupe de l'embarcation. A cause des myriades de grains contenus dans son écorce, la grenade est un évident symbole de fécondité; et comme boucle d'oreille, elle démontre qu'ici les bouquetins ne sont pas des «bêtes» — puisque personne n'a jamais vu jusqu'à présent un bouquetin porter des boucles d'oreilles — mais sont comme elle des

Fig. 68. Bouquetin sous le siège du défunt (tombe thébaine 73 d'Amenhotep [?], sous Hatchepsout).

symboles, en l'occurence des symboles de fécondité. De la même façon, lorsque le bouquetin apparaît sur des objets dits «de toilette», peignes, cuillers à fard, boîtes de toilette[14] — en fait essentiellement des objets *funéraires* dont tous les éléments de la décoration doivent, par un biais ou un autre, permettre au défunt de renaître à la vie —, le capriné n'est pas là uniquement à cause de ses cornes, mais certainement aussi à cause de sa formidable puissance génésique dans un contexte axé tout entier sur la survie, laquelle s'obtient notamment par la progéniture.

Autre témoignage des intentions que les Egyptiens prêtaient au bouquetin: cet étonnant vase représenté sur un monument de Ramsès III, où un animal à cornes (J. Quaegebeur a montré que bouquetin, gazelle et oryx étaient interchangeables) est associé à ... un sein de femme (fig. 69). Le bouquetin est encore directement associé à l'idée de fécondité sur un bas-relief du temps d'Amenhotep III qui vient peut-être de

Fig. 69. Vase figuré sur un monument de Ramsès III (d'après A.C.T.E. Prisse d'Avennes, *Histoire de l'art égyptien d'après les monuments*, Paris, 1878, pl. II.83).

l'ancienne Hébénou (fig. 70): l'animal que pousse devant lui le génie de l'inondation au ventre et aux seins gras et tombants (Hapi), est précisément un bouquetin, bien reconnaissable à la courbure de ses cornes, à sa barbiche et à son pelage brun avec des zones plus sombres par endroits. Le carnaval de couleurs et la surcharge formelle qui s'exprime notamment dans le fait que l'artiste a fixé aux cornes de l'ibex un «bouquet» de canards — ce n'est pas un hasard — sont le propre du «baroque» pré-amarnien.

C'est probablement aussi parce que l'ibex représentait aux yeux des Egyptiens le feu génésique d'où sort la vie nouvelle, et pas seulement parce que les cornes de l'animal symbolisent le renouvellement de la vie, que l'on a cassé — volontairement — les anses en forme de têtes de bouquetin qui ornent certains vases; sur ces mêmes vases en effet les autres anses sont intactes (fig. 71-72)[15]. En détruisant ces têtes, on empêchait le défunt de se reproduire, donc de survivre. N'est-il pas surprenant, également, de voir que sur toute une série de vases plastiques trouvés à Rhodes et dans des régions périphériques de l'Egypte, vases fort proches des flacons en forme de femme à l'enfant étudiés par J. Quaegebeur[16], la femme ne tient pas sur les genoux un enfant mais ... un petit bouquetin aux pattes repliées, promesse de renouvellement de la vie[17] (fig. 74)[18]? Enfin, ne serait-ce pas parce que le vase d'Ougarit mentionné par J. Quaegebeur (fig. 34) est peut-être un vase de mariage[19] que la frise d'uraeus qui couronne normalement l'édifice a été remplacée par une frise de bouquetins — promesse de fécondité — et pas seulement «parce que le futur époux est un prince non-égyptien»[20]?

Fig. 70. Personnification d'un nome, époque d'Amenhotep III, calcaire peint, proviendrait du temple d'Hebenou, aujourd'hui au Cleveland Museum of Art Inv. 1961.205, 1976.51.

Fig. 71. Vase en terre cuite provenant du palais d'Amenhotep III à Malqata, Metropolitan Museum of Art 11.215.460.
L'anse formée par la tête de bouquetin a été retrouvée brisée non loin du vase et a pu être remise en place; la tête de l'animal, en trois dimensions, est complétée par son corps représenté en deux dimensions sur la panse du vase; les mandragores sous le ventre du capriné n'appartiennent pas à son biotope et sont donc là pour des raisons symboliques: elles font allusion, comme l'ibex, à la renaissance du défunt.

Fig. 72. Vase en terre cuite (Nouvel Empire), Caire JE 48345, provient de Giza.
Les anses en forme de tête de bouquetin (cfr fig. 71) ont été volontairement cassées; des pavots, symboles probables de renaissance comme cet autre stupéfiant qu'est le lotus, décorent le col.

Les deux idées maîtresses liées au thème du bouquetin se retrouvent en tout cas bien au-delà du Proche-Orient, car sur une gravure rupestre du Pakistan (fig. 75) où l'animal est figuré de manière extrêmement stylisée (puisque les pattes ne sont même pas distinctes), deux détails cependant sont fortement mis en évidence: les puissantes cornes dont les apophyses sur la face antérieure évoquent la régénération, et l'énorme phallus qui symbolise la force de l'élan vital chez ce capriné[21].

Quelqu'un a dit «L'éternité, c'est nos enfants». Sans doute est-ce comme cela que les Egyptiens devaient concevoir la survie, attachant plus d'importance à leur descendance et à leur capacité d'engendrer qu'à la statuaire de granite ou à la momification,

Fig. 73. Vases décorés d'animaux provenant de la tombe de Youya et Thouyou, Caire CG 51102.

dont ils savaient pertinemment qu'elles n'étaient ni l'une ni l'autre éternelles. La multitude d'ex-votos en forme de «poupées» pourvues de tous les éléments de parure propres à susciter l'activité sexuelle, et parfois accompagnées d'un enfant, découverts dans les sanctuaires du Gebel Zeit et d'ailleurs[22], semble là pour le prouver[23].

En soulignant comme il l'a fait à différentes reprises que l'image du bouquetin était souvent juxtaposée à celle d'Hathor dans l'art égyptien et proche-oriental[24], Jan Quaegebeur pressentait en quelque sorte les idées exposées ci-dessus.

Fig. 74. Vase plastique représentant une femme avec un enfant dans le dos et un bouquetin sur les genoux, époque saïte (?), faïence brune, Fitzwilliam Museum Cambridge E 269a/1939.

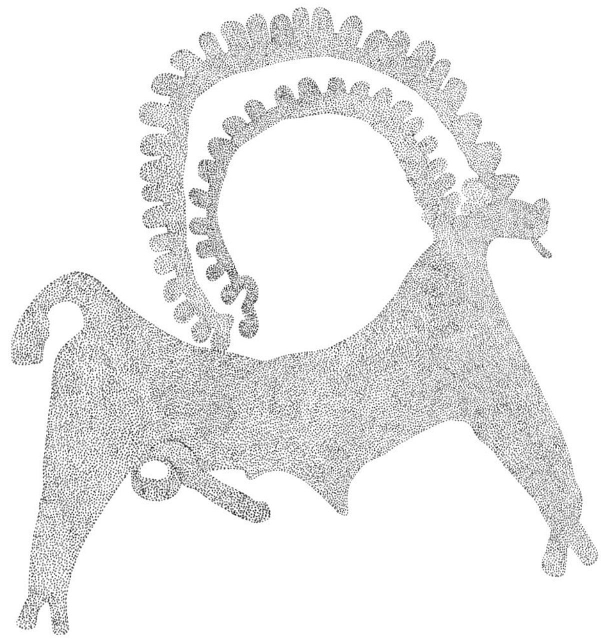

Fig. 75. Gravure rupestre du Pakistan, IXe-Xe siècle de notre ère (d'après *Zwischen Gandhara und den Seidenstrassen. Felsbilder am Karakorum Highway. Entdeckungen deutsch-pakistaner Expeditionen 1979-1984*, Mainz, 1985, couverture).

Jan s'est intéressé à la naine et au bouquetin, parce qu'ils constituaient *a priori* les deux éléments les plus énigmatiques de la barque en albâtre de Toutankhamon. Mais les autres particularités de cette impressionnante «pièce montée» confirment toutes que celle-ci a un sens symbolique:

— Le dais au-dessus de ce qui semble être un sarcophage est supporté par des colonnes dont il n'existe aucun équivalent dans l'architecture pharaonique et qui, architecturalement parlant, n'ont d'ailleurs pas de sens, s'agissant de colonnes à *double chapiteau* (papyriforme et lotiforme[25]) (cfr couverture). Sans doute connaît-on, dans la peinture thébaine, des représentations de colonnes à double, triple et même quadruple chapiteau floral[26] (fig. 76); mais si on peut admettre — comme le suggère Madame Noblecourt[27] — que dans le cas des images à deux dimensions il s'agisse d'un «résumé»

Fig. 76. Osiris sous un dais à quadruple chapiteau floral (papyrus, «lis», lotus bleu et lotus rose) dans la tombe de Sennedjem, XIXe dynastie, à Deir el-Medina.

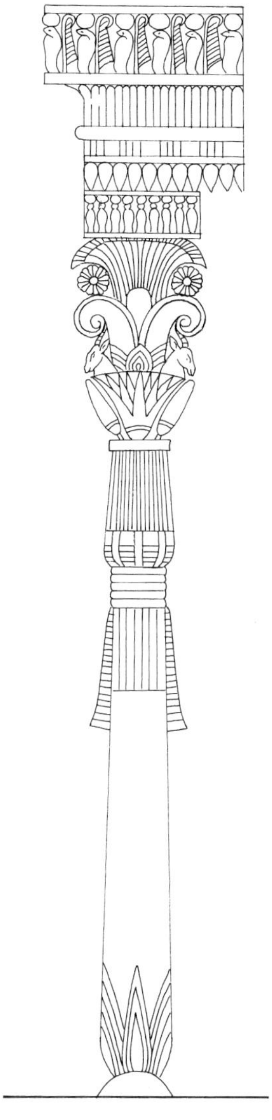

Fig. 77. Colonne à triple chapiteau floral et têtes de capriné dans une tombe thébaine (d'après J. Capart, *L'art égyptien*. I. *L'architecture*, Paris, 1922, pl. 152).

de plusieurs dais superposés, cela paraît plus difficile à accepter quand il s'agit de figuration en ronde-bosse comme ici, où n'intervient qu'un seul dais. En outre, le nombre d'éléments adventices qui décorent de tels chapiteaux (canards, bouquetins, uraeus, têtes d'Horus, protomes de lions, etc.)[28] (fig. 77) et qui n'apparaissent jamais dans l'architecture pharaonique véritable, indiquent qu'on a davantage affaire à une construction de l'esprit, à un amalgame de symboles devant permettre la renaissance du défunt. Dans le cas présent, le double chapiteau floral garantissait au roi une double renaissance, solaire (lotus) et osirienne (papyrus).

— Il est vraisemblable que le «bassin» creusé à la surface supérieure du socle de la barque pouvait contenir de l'eau et qu'on a pu y mettre des fleurs comme le pensent J. Yoyotte et Madame Noblecourt[29]. Mais, comme le fait remarquer Carter[30], il y a, au milieu du bassin, une sorte d'*île*, peu visible sur la plupart des photos, mais que l'on distingue bien sur notre fig. 2 et sur la couverture de ce livre. Ne serait-ce pas la butte primordiale qui était à l'origine du monde pour les Egyptiens et, partant, une promesse de re-naissance pour le roi?

— Le socle de la barque, dont la forme générale serait celle d'un pylône[31], est décoré de *fleurs* plus symboliques les unes que les autres: mandragores, bleuets, pavots, pétales de lotus, tous annoncent la renaissance du défunt[32] (fig. 1).

— Le geste de la naine, qui sonde l'eau à l'aide d'une perche[33], à bord d'un bateau dont la proue et la poupe s'ornent d'une tête de bouquetin, peut sans doute être rapproché, comme me le suggérait Marc Gabolde, de l'ostracon de Deir el-Medina représentant une jeune femme nue mais parée de bijoux, pagayant dans une embarcation dont la proue s'orne d'une tête de canard[34]. Puisqu'on vient de voir que canard et bouquetin ont le même sens, ces deux *promenades sur l'eau* sont en définitive très semblables; or il est certain que tout le décor de l'ostracon a été conçu comme un gage d'éternité[35].

— Quant à la *jeune femme nue,* portant boucles d'oreilles et bracelets, agenouillée sur le devant de la barque, je ne pense pas qu'il faille y voir un personnage historique[36], mais plutôt un personnage allégorique. Ne serait-elle pas l'image-même de la séduction, à l'instar de toutes les jeunes femmes nues qui composent le répertoire des cuillers à fard et autres objets dits «de toilette»? Le lotus entre ses seins — fleur dont est sorti le premier soleil au matin de la création — est une promesse de renaissance solaire qu'il faut sans doute mettre en parallèle avec la promesse de survie par l'activité sexuelle qu'évoque la jeune femme elle-même. Et que serait l'objet, aujourd'hui perdu, que la dame tenait de l'autre main? Je serais tentée d'imaginer un canard (ne s'agit-il pas d'une promenade nautique?), vu le sens que les Egyptiens accordaient à ce volatile[37]. Il est probable, d'autre part, que la coiffure de chacune des deux passagères de la barque — la naine et la jeune femme à l'avant du bateau — ait eu un sens précis, mais je ne pourrais actuellement dire lequel.

Sur la naine, je n'ai rien à ajouter: J. Quaegebeur a montré de façon suffisamment claire qu'elle représentait ici la contrepartie féminine de Bès, invitation joyeuse à l'amour et à la procréation.

Si Jan Quaegebeur avait eu la possibilité de poursuivre son enquête, il serait sans doute arrivé à la conclusion que la barque en albâtre de Toutankhamon était bien plus qu'un simple cadeau de Nouvel An ou de mariage. Elle illustre le dernier voyage du souverain, muni de tous les viatiques utiles pour assurer sa renaissance; parmi ceux-ci figurent au premier plan d'innombrables allusions à l'activité sexuelle et à la fécondité, parce que la manière la plus visible de survivre n'a jamais été que d'assurer sa descendance; par la force de la magie, les symboles devenaient réalité. Le fait que la barque a été trouvée dans la pièce que Carter a appelée «l'annexe»[38], mais que Madame Noblecourt appelle la «salle de la renaissance» parce qu'à son avis tous les objets placés là avaient pour fonction de ramener le roi à la vie[39], ne fait qu'appuyer cette interprétation.

Assurer la survie du défunt, tel était le sens de la plupart des objets placés dans les tombes — royales ou privées — mais la qualité d'exécution exceptionnelle de cet objet-ci, que les remarquables photos d'Alain Lecler permettent d'apprécier à sa juste valeur, et la complexité extraordinaire de la composition, en font une œuvre hors du commun. Puisse la barque de Toutankhamon, qui devait permettre à ce jeune roi de dix-neuf ans de ne pas mourir à tout jamais, et à laquelle Jan Quaegebeur s'est intéressé avec tant de perspicacité, accompagner celui-ci comme un talisman et le faire vivre pour l'éternité.

Notes de la Postface

1 Cette hypothèse me paraît préférable à celles proposées par les préhistoriens, parce que ceux-ci ne tiennent pas compte du geste de la femme qui montre son ventre, peut-être gravide: P.M. GRAND, *Art préhistorique,* Paris-Lausanne, 1967, p. 58, fait de la corne un instrument de musique; A. LEROI-GOURHAN, *Préhistoire de l'art occidental,* Paris, 1995, p. 443 à propos de la fig. 267, pense que le personnage se dispose à boire.

2 Ci-dessus, p. 68, n. 26.

3 Il suffit de penser à la céramique de Suse (par exemple A. PARROT, *Sumer,* Coll. L'Univers des Formes, Paris, 1960, fig. 79 p. 61), aux bronzes du Louristan (E. DE WAELE, *Bronzes du Louristan et d'Amlash,* Louvain-la-Neuve, 1982, p. 63, 65, 94, 95, 107,108, 161-166), à la glyptique syro-mésopotamienne et aux vases syriens en métal précieux apportés en tribut en Egypte. Sur ce type de vase, voir J. LECLANT, *A propos d'une terre cuite de Bès à l'oryx,* dans *Hommages à Lucien Lerat* (=Annales Littéraires de l'Université de Besançon, 294, 1984), p. 410 et n. 16, 17; Chr. DESROCHES-NOBLECOURT, *Interprétation et datation d'une scène gravée sur deux fragments de récipient en albâtre provenant des fouilles du palais d'Ugarit,* dans Cl. SCHAEFFER, *Ugaritica* III, Paris, 1956, p. 189 et n. 5.
On trouvera d'autres images de bouquetins dans l'art de l'Orient ancien chez M. COUTURIER, *Le bouquetin des Alpes,* Grenoble, 1962, pl. C; J.-Cl. MARGUERON, *Mésopotamie*, Genève, 1965, pl. 1, 6, 24, 56, 97; B. BRENTJES, *Gazellen und Antilopen als Vorläufer der Haustiere im Alten Orient,* dans *Wiss. Zeitschr. der M. Luther-Univ. Halle-Wittenberg,* Juni 1962, p. 538; E.D. VAN BUREN, *The Fauna of Ancient Mesopotamia as represented in Art* (Analecta Orientalia, 18), Roma, 1939, p. 50-55; Cat. de vente Sotheby, *Antiquities,* 10 Dec. 1996, Sale LN6736, p. 21; (Catal. de l'exposition) *A l'ombre de Babel. L'art du Proche-Orient Ancien dans les collections belges*, Bruxelles, Banque Bruxelles Lambert, février-mars 1995, cat. n° 129 et 253; etc. On rappellera en particulier que sur le vase d'Ougarit cité par J. Q., la frise d'uraeus a été remplacée par une frise de bouquetins (Chr. DESROCHES NOBLECOURT, *loc. cit.*, fig. 118 p. 165 = notre fig. 34).

4 Je dois cette référence à l'amabilité de Monsieur François Poplin, du Museum d'Histoire Naturelle à Paris et ami de J. Yoyotte. Je les remercie tous deux de m'avoir orientée dans un domaine qui ne m'est pas familier.

5 «Mais cette ardeur qui le consume ne dure que trois ou quatre ans» (*Œuvres complètes* de BUFFON, suivies par ses continuateurs BUFFON et DAUBENTON, *Mammifères.* Tome I, Bruxelles, 1828, p. 215).

6 M. COUTURIER, *op. cit.*, p. 1021.

7 P. 1021-1049.

8 Outre le récit des combats entre mâles, souvent d'une rare violence (p. 1032-34), et la description des parades nuptiales très curieuses qui précèdent le coït (p. 1039-40), on relève les observations suivantes: «Le mâle est polygame par excellence; trente-sept gardes du Parc National du *Gran Paradiso* et ceux de la colonie du Pleureur que j'ai consultés sont unanimes sur ce point; tous ont vu, lors des pariades, le chef de la harde couvrir et féconder à lui seul la plupart des chèvres d'un troupeau (p. 1023)». «Le sultan reconnu [au cours du rut] est le sujet qui a le plus de chances de saillir le plus grand nombre de femelles. (...) Si les femelles sont peu nombreuses, un seul bouc, le suzerain, peut les saillir toutes, surtout si elles sont en *oestrus* [= période d'excitation sexuelle], les unes après les autres sur une courte période. (...) Selon moi, dans l'ensemble, un assez grand nombre de mâles non seulement font des saillies, car plusieurs peuvent successivement coïter avec la même femelle, mais aussi fécondent des

femelles, sans qu'il soit possible d'affirmer quel est celui, sans doute souvent le premier élu, à qui revient la fécondation» (p. 1025-1030, passim). «Une femelle accepte souvent d'être couverte plusieurs fois, soit par le même mâle, soit par un autre ou même d'autres mâles, au cours de la journée. (...) Le 10 décembre 1953, F. Berthod aperçoit à la Fourchin une étagne [c'est-à-dire la femelle du bouquetin] sans petit qui est *couverte quatre fois en treize minutes* par le sultan de la harde âgé de 15 ans, qui tient ses rivaux éloignés. Le 11 décembre 1954, à Peson, les gardes D. Carlin et A. Martin notent qu'une femelle est *saillie à six reprises, dont cinq en l'espace d'une heure,* par un beau mâle d'âge moyen ...» (p. 1041-42).
Cfr aussi *The Hieroglyphics of Horapollo.* Translated by G. Boas, New York, 1950, p. 79 «To show the member of a fecund man, they draw a goat, not a bull. For the bull cannot serve a cow before he is a year old, but the goat covers the female seven days after birth, discharging a sterile and empty sperm. But nevertheless, it matures before all other animals».

9 Je ne pense pas que cela ait été explicitement dit pour le chat (Dieu sait pourtant si le comportement du chat en période d'accouplement est impressionnant et si la progéniture qui en résulte peut être nombreuse). Pour le canard, voir A. HERMANN, *Ente,* dans *Reallexikon für Antike und Christentum.* Bd. 5, Stuttgart, 1962, col. 435 sv.; N. CHERPION, *Deux tombes de la XVIIIe dynastie à Deir el-Medina* (MIFAO 114), Le Caire, 1999, p. 102.

10 M. VALLOGGIA, dans *BIFAO* 93 (1993), p. 401 «chez certains cercopithèques et cynocéphales, les colorations faciales et péniennes s'exaltent notamment en période d'excitation sexuelle. (...) De tels signaux, aisément perceptibles chez des animaux familiers, ont été ainsi associés aux artifices de la séduction offerts par les soins de beauté et notamment le maquillage».

11 PORTER & MOSS, *Topographical Bibliography.* I, 1, Oxford, 1970^2, p. 234 (3).

12 Mais on le trouve par exemple **a)** dans la tombe 73 d'Amenhotep (?) (sous Hatchepsout), cfr T. SÄVE-SÖDERBERGH, *Four Eighteenth Dynasty Tombs* (Private Tombs at Thebes, I), Oxford, 1957, pl. VIII = PM I, 1, p. 143 (1); **b)** dans la tombe 78 d'Horemheb, cfr A. & A. BRACK, *Das Grab des Haremheb* (AV 35), Mainz, 1980, pl. 85 et 36a cfr p. 28 (une gazelle se trouvait sous le siège de la mère du défunt) = PM I,1, p. 153 (6) = U. BOURIANT, *Le Tombeau de Harmhabi* , dans Ph. VIREY, *Sept tombeaux thébains* (Mém. de la Miss. Arch. Franç. V, 2), Le Caire, 1891, pl. II; **c)** dans une tombe de la XXVIe dynastie cfr B. BRENTJES, *loc. cit.,* p. 537, et *L'Egypte du crépuscule* (sous la direction de J. Leclant) (L'Univers des Formes), (Paris), 1980, fig. 61 p. 80 (=tombe de Pabasa).

13 Il n'est pas sûr non plus que, dans la tombe de Meryré II à el-Amarna, la gazelle que tient dans ses bras l'une des filles d'Akhénaton soit un animal de compagnie, d'autant qu'une autre princesse, qui caresse du doigt la gazelle, a en main des fleurs de lotus, et que ses sœurs ont en main des grenades (?); on a tendance à penser que tout cela est symbolique plutôt qu'anecdotique (N. DE G. DAVIES, *The rock-tombs of El-Amarna* II, London, 1905, pl. XXXVIII). — La meilleure preuve que le décor figuré sous les sièges des défunts nous plonge souvent en plein symbolisme est que, sur un bas-relief du Nouvel Empire dont j'ai eu récemment la photo entre les mains mais dont je n'ai hélas pas retrouvé la référence, on voit, occupant tout l'espace sous le siège, une énorme grenade dont l'écorce se fendille pour laisser apparaître d'innombrables grains.

14 Ci-dessus, p. 30-32.

15 Autres exemples: G. STEINDORFF, *Die Kunst der Ägypter. Bauten - Plastik - Kunstgewerbe,* Leipzig, 1928, p. 270 (vase en albâtre au nom de Merenptah); *Studies in Mediterranean Archaeology* CXII (1994), pl. 80-81 (vase en albâtre provenant de Kition, à présent au musée de Nicosie A 218; ce dernier vase, ainsi que le vase du MMA, Inv. 11.215.460 (= notre fig. 72), sont reproduits dans *Fouilles de Kition.* II.

Objets égyptiens et égyptisants, Nicosie, 1976, pl. XXXII, 1-2); Caire JE 66739 (vase en terre cuite provenant de Tell el-Amarna; au thème du bouquetin est joint ici celui de la coiffure hathorique); voir aussi la liste que donne L. KEIMER, *Interprétation de plusieurs passages d'Horapollon* (CASAE, 5), Le Caire, 1947, n. 7 p. 14. Certains de ces vases sont en outre décorés sur la panse d'un «collier de justification» , symbole de renaissance, cfr Martha BELL, dans *Bulletin de Liaison de la Céramique Egyptienne* X (1985), p. 54. — Dans d'autres cas, les têtes de bouquetins ne constituent pas à proprement parler des anses, mais sont appliquées contre le col ou sur la panse du vase: Caire JE 51915 (terre cuite, provient de Deir el-Medina; le motif du bouquetin alterne avec le palmier); Caire JE 59459 (terre cuite, provient de Giza; le motif du bouquetin alterne avec la croix de vie); G. BRUNTON et R. ENGELBACH, *Gurob,* London, 1927, pl. XXXIX n° 602; Cleveland 20.1997 (Catalogue de l'exposition *Amenophis III. Le Pharaon-Soleil,* Paris, Grand Palais, 2 mars - 31 mai 1993, n° 112 p. 356); Caire CG 51102 (notre fig. **73**) = l'un des quatre vases décorés d'animaux provenant de la tombe de Youya et Thouyou (E.J. QUIBELL, *The Tomb of Yuaa and Thuiu,* Catalogue Général du Musée du Caire, Le Caire, 1908, pl. XXIV ou T. DAVIS, *The Tomb of Iouiya and Touiyou,* London, 1907, pl. XXIX; sur le symbolisme de la grenouille, voir ci-dessus p. 76 n. 115, pour le veau, voir A.H. GORDON & C.W. SCHWABE, *«Live Flesh» and the «Opening of the Mouth»: Biomedical, Ethnological and Egyptological Aspects,* dans *Abstracts of the 7th International Congress of Egyptologists*, Cambridge, 3-8 Sept. 1995, p. 68-9.

16 Ci-dessus, p. 35.

17 Non seulement à cause des cornes de l'animal, comme le pensent E. LAGARCE et J. LECLANT, dans *Fouilles de Kition.* II. *Objets égyptiens et égyptisants,* Nicosia, 1976, p. 238-9, mais aussi à cause de son tempérament. Cette promesse s'est déjà accomplie, puisqu'il y a généralement un enfant dans un petit sac suspendu au dos de la femme (*op. cit.*, pl. XX, 1-4 = Musée de Nicosie, Kit. 1747, 5-7 = British Museum G.R.A. 67.5-6.5, 8-11 = British Museum G.R.A. 64.10-7.794, pl. XXII, 1-3 = Brit. Mus. G.R.A. 62.5-30.4, pl. XXIII, 10-12 = Mus. de Rhodes, Camiros 14.646, pl. XXVI, 1-4 = Didyme n° 69/T 14, 5-6 = Musée de Carthage 879.1, pl. XXVII, 1-3 = Musée de Florence, Vetulonia 399, 4-7 = Boston MFA 65.916, pl. XXVIII, 8-9 = Cambridge Fitzwilliam Mus. E 269 A/1939. Pour E. Lagarce et J. Leclant, ces flacons contenaient de l'eau du Nil, sorte d'eau de jouvence expédiée aux confins de l'Egypte.

18 Cfr V. WEBB, *Archaic Greek Faience,* (Warminster, 1978), p. 144-5 c4.

19 C'est une hypothèse de Chr. DESROCHES NOBLECOURT, *loc. cit.*, p. 197, 204-5.

20 Chr. DESROCHES NOBLECOURT, *loc. cit.,* p. 206. — Ce décor particulier rappelle par ailleurs une coutume du Louristan qui consiste à placer des têtes de bouquetin sur les toits des maisons villageoises, pour une raison qui n'est pas parfaitement claire: E. PORADA parle de protection du logis (*Iran ancien. L'art à l'époque préislamique,* Paris, 1963, p. 67 à propos de la fig. p. 69); H. FIELD, dans *Antiquity* X, suggère que les têtes de bouquetin symbolisent la force et la résistance physique (June 1936, p. 223) à moins qu'elles n'écartent les démons (Dec. 1936, p. 475). Comme ces têtes de bouquetins se retrouvent aussi sur des tombes (*Antiquity* X, Dec. 1936, pl. V), on pourrait très bien imaginer que les animaux assurent tantôt la fécondité des habitants, tantôt, comme dans l'Egypte ancienne, celle des défunts.

21 Les bouquetins qui décorent les deux extrémités de la barque de Toutankhamon sont tous les deux des mâles, mais la barbe de l'animal situé à la poupe est aujourd'hui cassée: on en distingue encore l'amorce sous le menton.

22 G. CASTEL, J.-F. GOUT et G. SOUKIASSIAN, *Fouilles de Gebel Zeit (Mer Rouge). Première et deuxième campagnes (1982-83),* dans *ASAE* LXX (1985), pl. IV, p. 104; G. CASTEL et G. SOUKIASSIAN, *Les mines de galène du Gebel Zeit,* dans *Akten des vierten internationalen Ägyptologen Kongresses, München 1985* (SAK.

Beiheft, 2), Hamburg, 1989, pl. 13, 1, p. 104; E. NAVILLE, *The XIth Dynasty Temple at Deir el-Bahari.* III (EEF Memoir, 32), London, 1913, pl. XXIV, 2, XXXII, 8-9, p. 16, 25; E.L.L. GRIFFITH, *Oxford Excavations in Nubia 1910-1912. Exhibition of Antiquities discovered at Faras ...*, The Examination Schools, May 27 - June 1, 1912, p. 7; W.F. PETRIE, *Researches in Sinaï*, London, 1906, fig. 151 n° 14; G. PINCH, *Votive Offerings to Hathor*, Oxford, 1993, pl. 46 à 49.

23 Le désir d'avoir une nombreuse progéniture est toujours une préoccupation foncièrement égyptienne. «En Egypte, écrivait le Dr Fouquet, la seule préoccupation des femmes est la maternité; dans toutes les classes de la société, elles ne parlent entre elles que de cela. Une Européenne arrivant en visite dans une maison indigène est accueillie par un déluge de questions du genre de celles-ci: «combien avez-vous d'enfants? pourquoi n'en avez-vous plus? êtes-vous enceinte?» Si elle n'a pas d'enfants, on lui demande si cette disgrâce tient à son mari ou à elle. Cette question fut posée à un ministre de France au Caire par un ministre égyptien» (P. PERDRIZET, *Les terres cuites grecques d'Egypte de la collection Fouquet*, Nancy ..., 1921, p. XIX). Même en 1998, malgré la démographie galopante que connaît le pays depuis plusieurs années, j'ai l'impression, pour avoir beaucoup conversé avec les chauffeurs de taxi, qu'avoir des enfants semble encore le seul but du mariage et la seule destinée de la femme.

24 Ci-dessus p. 10, 20-21, 29, 54, n. 79 p. 73 et n. 88 p. 74.
Aux documents cités par J. Quaegebeur on peut ajouter un certain nombre de vases sur lesquels l'image de la déesse Hathor jouxte celle du bouquetin: Caire JE 66739 (provient de Tell el-Amarna); C. HOPE, *Pottery of the Egyptian New Kingdom: Three Studies* (Victoria College. Arch. Research Unit. Occasional Paper, 2), Burwood, 1989, pl. 3b (= Caire SR 12097), pl. 3a (= Oxford Ashmolean Museum 1921.1412), fig. 16e = G. BRUNTON et R. ENGELBACH, *Gurob*, London, 1927, pl. XXXIX n° 602.

25 Il s'agit ici de lotus rose, reconnaissable à ses pétales arrondis et à la coloration de ceux-ci, et non de lotus bleu.

26 Ch. DESROCHES NOBLECOURT, *Interprétation et datation d'une scène gravée...*, dans Cl. SCHAEFFER, *Ugaritica* III, Paris, 1956, p. 180-5. Voir aussi la tombe de Méryré II à Tell el-Amarna (N. DE G. DAVIES, *The Rock Tombs of el-Amarna.* II, London, 1905, pl. XXXVIII).

27 Chr. DESROCHES NOBLECOURT, *loc. cit.*, p. 180 sv.

28 Chr. DESROCHES NOBLECOURT, *loc. cit.*, fig. 130 à 133 p. 182-3; E. PRISSE D'AVENNES, *Histoire de l'art égyptien d'après les monuments.* I, 1868, pl. 17 à 20.

29 Ci-dessus, p. 9-10.

30 H. CARTER, *The Tomb of Tut-ankh-amen.* III, London ..., (1933), p. 128.

31 H. CARTER, *op. cit.*, p. 128.

32 Sur la mandragore, voir J.-P. CORTEGGIANI, à paraître dans *Recherches d'archéologie, de philologie et d'histoire* (Ifao); sur le lotus, cfr N. CHERPION, *Deux tombes de la XVIIIe dynastie à Deir el-Medina* (MIFAO 114), Le Caire, 1999, p. 94; sur le bleuet et le pavot, cfr EADEM, en préparation.

33 Ci-dessus, p. 10 et n. 4.

34 N. CHERPION, dans *BIFAO* 94 (1994), fig. 27 p. 106; J. VANDIER D'ABBADIE, *Catalogue des ostraca figurés de Deir el-Medina* (DFIFAO II, 4), Le Caire, 1959, pl. CLIV.

35 N. CHERPION, *loc. cit.*, p. 89-90.

36 Contrairement à Ch. DESROCHES NOBLECOURT, *Toutankhamon. Vie et mort d'un pharaon*, (Paris), 1963, p. 108 et 283, qui estime que la jeune femme à l'avant du bateau est Moutnedjemet, sœur de Néfertiti et future épouse d'Horemheb.

[37] A. HERMANN, *loc. cit.*, col. 435 sv.; N. CHERPION, *Deux tombes de la XVIIIe dynastie à Deir el-Medina*, Le Caire, 1999, p. 102; ainsi que le mémoire (inédit) fait à la demande de J. Quaegebeur par Geertruid Clarysse sur le canard, en 1994 (Katholieke Universiteit Leuven).

[38] Plan de la tombe dans N. REEVES, *The complete Tutankhamun,* Cairo, 1990, p. 71.

[39] Chr. DESROCHES NOBLECOURT, *Toutankhamon. Vie et mort d'un pharaon*, (Paris), 1963, p. 246 fig. 149 et p. 266-274 (voir aussi p. 91-99).

Crédits photographiques et iconographiques

Leïla Menassa: fig. 3, 6, 12, 16, 17, 20, 30, 34, 39, 43, 44, 45, 48, 50, 52, 61, 63, 65, 67, 69, 75, 77.

J.-F. Gout, Ifao: fig. 15, 23, 24, 25, 27, 35, 47, 53, 55, 73.

A. Lecler, Ifao: couverture, frontispice, fig. 1, 2, 4, 5, 21, 51, 72.

J. Quaegebeur: fig. 7, 8, 10, 18, 19, 31, 42, 49.

Copyright M. et P. Chuzeville / Musée du Louvre, Département des antiquités égyptiennes: fig. 22, 29, 54, 62.

Institut français d'archéologie orientale: fig. 14, 41, 76.

N. Cherpion: fig. 9, 13.

Fig. 11: By Courtesy of the Freud Museum, London.

Fig. 26: d'après (Catalogue de l'exposition) *Art from Ancient Egypt chosen from the collections of the National Museum of Antiquities at Leiden, the Netherlands, Japan, 17/4 - 13/12 1987*, Tokyo, 1987, p. 104.

Fig. 28: Copyright Ägyptische Sammlung München.

Fig. 32: Copyright British Museum.

Fig. 33: d'après (Catalogue de l'exposition) *La femme au temps des pharaons, Bruxelles, Musées royaux d'art et d'histoire, 30 novembre 1985 - 28 février 1986*, Mainz, 1985, p. 25.

Fig. 36: cliché A. Mekhitarian.

Fig. 37: Courtesy of the Metropolitan Museum of Art. Purchase, George F. Baker and Mr. and Mrs. V. Everit Macy Gifts, 1920.

Fig. 38: Courtesy of the Metropolitan Museum of Art. Purchase Lila Acheson Wallace Gift, 1968.

Fig. 40: d'après G. Daressy, *Textes et dessins magiques* (Catalogue général du Caire), Le Caire, 1903, pl. X.

Fig. 46: Copyright Musée des Beaux-Arts de Lyon.

Fig. 56: d'après P. Perdrizet, *Les terres cuites grecques d'Egypte de la collection Fouquet,* Nancy, 1921, pl. XLIV.

Fig. 57: Copyright Christian Larrieu / Musée du Louvre, Département des antiquités égyptiennes.

Fig. 58: d'après J. E. Quibell, *Excavations at Saqqara 1905-1906*, Le Caire, 1907, pl. XXVII.

Fig. 59: Copyright Museum van Oudheden, Leiden.

Fig. 60: Copyright Musée du Louvre, Antiquités Orientales, A. Caubet.

Fig. 64: d'après I. E. S. Edwards, *Tutankhamun: His Tomb and its Treasures*, New York, 1978, p. 215.

Fig. 66: Musée d'Aquitaine, Bordeaux-France, tous droits réservés.

Fig. 68: cliché Jean-Pierre Corteggiani.

Fig. 70: Copyright The Cleveland Museum of Art, John L. Severance Fund.

Fig. 71: Courtesy of the Metropolitan Museum of Art, Rogers Fund, 1911.

Fig. 74: Copyright Fitzwilliam Museum Cambridge.

PRINTED ON PERMANENT PAPER • IMPRIME SUR PAPIER PERMANENT • GEDRUKT OP DUURZAAM PAPIER - ISO 9706
ORIENTALISTE, KLEIN DALENSTRAAT 42, B-3020 HERENT